Anna von Boetticher

In die Tiefe

Anna von Boetticher

IN DIE TIEFE

Wie ich meine Grenzen suchte und Chancen fand

Ullstein extra

Besuchen Sie uns im Internet:
www.ullstein.de

Wir verpflichten uns zu Nachhaltigkeit
- Klimaneutrales Produkt
- Papiere aus nachhaltiger Waldwirtschaft und anderen kontrollierten Quellen
- ullstein.de/nachhaltigkeit

MIX
Papier
FSC® C083411

Ullstein extra ist ein Verlag der Ullstein Buchverlage

ISBN 978-3-86493-070-6

3. Auflage 2023

Satz: Pinkuin Satz und Datentechnik, Berlin
Gesetzt aus der Kepler Std
Bildbearbeitung: LVD GmbH, Berlin
Druck und Bindearbeiten: CPI books GmbH, Leck

»Die Stille, auf die ich aus bin, ist die Stille in mir.«
Erling Kagge, Stille. *Ein Wegweiser*

INHALT

PROLOG

»Wenn ich ein Buch über dich schreiben würde«, sagte Markus, »würde ich mit einem Geräusch anfangen. Dem Geräusch deines Herzschlags, das alles durchdringt. Das sich verlangsamt, immer weiter, bis die Pausen endlos scheinen.« Er hielt inne. »Aber dann«, sagte er, »würde ich nicht versuchen, die Ruhe zu schildern, die du dabei erlebst, die Entspannung und Schönheit.«

»Nein?«, fragte ich.

»Nein«, antwortete er. »Dann käme der Moment, in dem dir die Lichter ausgehen. In dem du ohnmächtig wirst, 40 Meter unter der Oberfläche, und fast stirbst.«

»Das wäre spannend«, sagte ich, »und es wäre wahr. Aber mein Anfang wird ein anderer sein.«

Ich werde von der Magie der Tiefe erzählen.

Davon, wie es sich anfühlt, so weit unten zu sein, dass die Sonne ein fernes Echo in meiner Erinnerung ist. Davon, dass es mich ins Bodenlose zieht, und davon, dass ich dort die Welt in ihrer ursprünglichsten Form erlebe. Von den Freunden, die ich fand, und den Abenteuern, die wir bestanden. Von der Intensität des Augenblicks. Davon, was mich zur Apnoetaucherin macht, obwohl alles dagegenspricht. Und dann werde ich berichten von dem Moment, in dem es dunkel wurde um mich und in dem ich fast mein Leben verlor.

Apnoetauchen ist das Reduzieren des Daseins auf seine grundlegenden Bestandteile. Es ist die ultimative Pause, das Verharren zwischen Ein- und Ausatmen, ein Stillsein, wie es der Mensch sonst nicht kennt. Es ist das Anhalten der Welt, von dem wir alle manchmal träumen. Es ist Dazwischensein. Zwischen Steigen und Sinken, Bewusstsein und Ohnmacht. Oben und unten. Der Platz zwischen ungreifbarer Tiefe und Luft und Licht, zwei Welten, deren Zusammenspiel unsere Erde bewohnbar macht. Es ist die Balance zwischen Körper und Geist, zwischen Wille und Nachgeben. Wer sich dem Nicht-Atmen ernsthaft stellt, erlebt Gegensätze, die untrennbar miteinander verknüpft sind. Er erlebt Raum. Raum, sich zu fordern und zu entwickeln, und Raum, die unlösbare Verbindung von Mensch und Umwelt zu erfassen.

Mit nichts als einer Lunge voll Luft unterzutauchen, ist ein Urinstinkt, eine Fähigkeit, die uns angeboren ist und die wir mit vielen Lebewesen teilen, vor allem mit Meeressäugern wie Delfinen, Walen und Robben. Wie sie tragen wir den sogenannten Tauchreflex als Anlage in uns, eine Reaktion des Körpers auf das Eintauchen in die Unterwasserwelt. Unser Herzschlag verlangsamt sich, bis die Pausen zu überwiegen scheinen, das Gehirn wird vermehrt durchblutet. Der Stoffwechsel fährt herunter. Wir sind im Sauerstoffsparmodus.

Diese angeborene Reaktion geht im Erwachsenenalter weitestgehend verloren, doch wer Apnoe taucht, passt sich mit Körper und Geist wieder an den geheimnisvollen, aquatischen Lebensraum an und erfährt in ihm eine Rückkehr zum Ursprung des Menschen. Von diesen Momenten möchte ich erzählen. Von der Suche nach Grenzen in der Tiefe des Ozeans, Grenzen, die Möglichkeiten sind. Die unvergleichliche Schönheit der Erlebnisse gehört in gleichem Maße dazu wie die Gefahren, die ich überwand. In den Erfolgen und Rückschlägen des Wettkampfsports entdeckte ich meine ungeahnten Stärken und wurde mit meinen Fehlern konfrontiert. Dabei lehrte mich die Unnachgiebigkeit der Natur, der ich mich aussetzte, diese Teile meines Selbst klar zu sehen und mit Ehrlichkeit zu einem Ganzen zu fügen, das meine Persönlichkeit bestimmt und mich durchs Leben begleitet, über wie unter Wasser.

Während ich an diesem Text arbeite, stürzt mich der plötzliche Abschied eines geliebten Menschen in die größte Herausforderung, die ich je zu bewältigen hatte, eine, der sich jeder von uns früher oder später stellen muss. Wie es möglich ist, mit der Lücke zu sein, werde ich erst mit dem Verrinnen von Zeit langsam herausfinden. Durch die schwierigen Tage, die den unerwarteten Tod umgaben und die in den nächsten Wochen anstehen, hilft mir die enge Verbindung zu meiner Familie und die Kraft im Umgang mit den ursprünglichsten Elementen des Lebens, die ich mir mit jedem Innehalten des Atems aufs Neue erkämpft habe. Während ich versuche, aufs Papier zu bringen, was die Stärke in mir erzeugt, mit der ich Extreme bewältige, wird ein wenig klarer werden, wie sich der Verlust in meine Zukunft einfügt – eine Hoffnung, die mich über das Erzählte hinaus nach vorne trägt.

Mein Buch beginnt mit einem kleinen Abenteuer.

KAPITEL 1:
FASZINATION

Mit Neugierde leben

In meiner Erinnerung ist es Sommer. Das Schwimmbad zu Hause, in unserem wilden Garten, ist kühl. Uns Kindern ist egal, ob wir frieren – wenn wir im Wasser sind, zählt nur der Augenblick. Jede freie Minute verbringen wir im Becken.

Ich weiß noch, wie das Hellblau des Bodens aussah. Eine feste Plane, keine Kacheln, sie ist in Bahnen verschweißt. Die Nähte geben mir einen Anhaltspunkt: Schwimme ich geradeaus? An manchen Stellen ist das Blau ausgeblichen.

Ich trage eine große, orangefarbene Taucherbrille mit rundem Glas, die beinahe mein ganzes Gesicht bedeckt. Bei warmem Wetter nehme ich sie kaum ab, denn ständig bin ich damit unter Wasser. Ich stelle mir vor, der Pool sei der Ozean. In meiner Fantasie ist die Plane dunkel, das Schwarzblau der Tiefe. Bodenlos. Ein Universum von Möglichkeiten.

An diesem Tag konzentriere ich mich. Ich hole ein letztes Mal Luft, dann lasse ich mich unter die Oberfläche fallen und stoße mich vom Beckenrand ab. Ich schwimme mit kräftigen Zügen, denn ich habe mir vorgenommen, tauchend die andere Seite zu erreichen, zwölf Meter weit entfernt. Am Ende der Bahn spüre ich es, das Ziehen im Bauch, das Bedürfnis zu atmen. Es wird stärker, brennt in mir, verlangt nach Luft. Ich denke: umdrehen! Nach der Wende nur ein Schwimmzug, sage ich mir, dann hoch. Mein Zwerchfell zieht sich zusammen, der Bauch fängt an zu pumpen. Rhythmische Kontraktionen. Ein seltsames Gefühl, als versuche mein Körper Luft zu holen, mit Gewalt. Alles in mir will atmen. Jede Zelle. Nur ich will nicht. Ich will die zweite Bahn bis zum Ende schaffen. Ich schwimme weiter.

An der Wand der Stolz: zwei Längen! Bevor ich weiß, was geschieht, drehe ich um. Ein letztes Mal abstoßen, denkt sich etwas in mir. Die Zwerchfellkontraktionen sind intensiv, doch ich ignoriere sie. Meine Arme sind schwer, die Beine ebenso, wie Blei. Während mich dieses neue Gefühl beschäftigt, schwimme ich weiter, wieder sehe ich die Wand, zum dritten Mal. Sie ist nicht weit, gleich bin ich da, wenn ich noch etwas aushalte, erreiche ich sie. Nur funktionieren meine Arme und Beine kaum, das ist seltsam.

Wie aus dem Nichts taucht es auf, das Ende der Strecke, die Plane unter meiner Hand fühlt sich weich an, und warm. Ich wende. Als ich die Füße ansetze, um mich erneut hinauszudrücken, in die Bahn, die offenen Möglichkeiten, erscheinen an den Rändern meines Sichtfeldes schwarze Pünktchen. Eine dunkle Wolke aus Pixeln, die sich zuzieht, ich sehe durch eine lange Röhre, ihr Ende entfernt sich. Der Tunnelblick. Etwas sagt mir, dass hier die Grenze ist. Dass ich jetzt aufhören muss.

Das Durchbrechen der Oberfläche ist wie die Rückkehr in eine Welt mit Licht, Klang, Leben. Die Sonne auf dem Wasser, die unruhigen Schatten der Buchen auf dem Kiesweg. Das Brummen des Rasenmähers im Nachbargarten. Eine Flut von Eindrücken stürzt auf meine Sinne ein, die Lungen füllen sich, verschlingen die Luft mit großen, rettenden Atemzügen, jeder von ihnen wie ein Geschenk. Die Pixelwolke verschwindet, ich bin zurück. Mein erster Gedanke: Wahnsinn! Und: Schaffe ich mehr?

38 Meter weit war ich getaucht, mit acht Jahren, entgegen jedem Instinkt, der mich zum Abbrechen zwingen wollte. Ich erinnere mich daran, hinterher lange über das Erlebte nachgedacht zu haben. Dieses Verlangen nach Luft, das so früh kam. Die Entdeckung, dass ich nicht atmen muss. Das merkwürdige Pumpen des Bauches. Die schweren Glieder. Begeistert erklärte ich meinem jüngeren Bruder Patrick, er könne tauchen, bis »es an den Rändern ganz schwarz wird«. Ich wusste nicht, dass ich

mich an den Rand der Ohnmacht und damit in Lebensgefahr gebracht hatte. Da ich allein im Wasser war, hätte ein Blackout Ertrinken bedeutet.

In dem blassblauen Schwimmbad unter den großen Bäumen hatte ich eine Entdeckung gemacht, die mich nicht mehr losließ: den Sieg meines Geistes über den Körper. Schon damals trug ich die Sehnsucht nach dem Ungewissen in mir. Ich verspürte eine intensive Neugierde auf die Welt und hatte das dringende Bedürfnis, mich ihren unentdeckten Weiten auszusetzen und mich darin zu erleben. Genährt durch eine von Anregung und Abenteuern bestimmte Kindheit in einem kleinen Dorf am Rande der Alpen, wurde die Faszination des Unbekannten zu einem elementaren Bestandteil meines Lebens.

Mit meinen Eltern, den drei jüngeren Brüdern Patrick, Niklas und Albrecht und einem Haufen Haustiere, darunter eine aus dem Nest gefallene Krähe, die wir gerettet hatten, genoss ich den Luxus des Lebens auf dem Land: uneingeschränkten Platz. Es gab zwar keinen großen Supermarkt in der Nähe, doch auf unserem Grundstück hatte der Vorbesitzer ein Loch gebuddelt und selbst ein Schwimmbad gebaut. Unbeheizt und eiskalt, war es nur ein paar Wochen im Jahr nutzbar. Diese Zeit genossen wir dafür umso mehr. Die großen Buchen, die den Garten überwucherten, verfluchten wir jeden Herbst, wenn wir täglich Unmengen von Laub zusammenharken mussten. Gleichzeitig liebten wir die Bäume von ganzem Herzen, denn sie boten Vögeln und Eichhörnchen ein Zuhause und waren der perfekte Abenteuerspielplatz. In schwindelerregender Höhe hatte ich in einer Astgabel ein Seil hin- und hergewoben und mir damit ein perfektes – wenn auch gefährliches – Leseversteck gebaut, in das ich stundenlang verschwinden konnte.

Wie die meisten Kinder träumte ich mich in die Welt hinaus. Mit vor Aufregung geröteten Wangen folgte ich den Erzählungen von Karl May, in denen Indianer, Trapper und Cowboys durch die Prärie streiften, und versenkte mich in Jack Londons Geschichten über die Wildnis Nordamerikas. Viele dieser Bücher las ich, bis sie auseinanderfielen. Eines davon war Kurt Helds Erzählung »Die rote Zora«, die von einer Bande Waisenkinder am Mittelmeer handelt. An einer Stelle kämpft Branco, der Held des Buches, mit einer riesigen Krake, die versucht, ihn unter Wasser zu ziehen, und die er nach langem Ringen mit seinem Messer besiegt. Die Mischung aus dem mythischen Ungetüm und dem Mut, mit dem Branco die Gefahr überwand und damit das Meer und seine eigenen Grenzen bezwang, übte große Faszination auf mich aus. Wo war die Krake hergekommen? Ob weitere Ungeheuer in der Tiefe lauerten? Ich erörterte diese Dinge intensiv mit meinem Bruder Patrick, der in Abenteuerfragen trotz aller Auseinandersetzung unter Geschwistern immer mein Kamerad war. Wenn möglich übertrugen wir unsere Theorien und Gedanken in unser Spiel, denn wir wollten die Gefahren erleben, anstatt nur darüber zu lesen. So wurde ein Stück altes Hanfseil zur Krake mit ihren langen Armen, die uns in die Tiefe zog, ein Ast das Messer, mit dem wir sie besiegten. Ich empfand die gespielten Geschichten so intensiv, dass ich noch heute weiß, wie sich der Saugarm anfühlte, der sich in meiner Fantasie um mein Bein schlang.

Durch die Mühe, die sie sich gaben, uns zu inspirieren, weckten meine Eltern unsere Neugierde auf die Welt und darauf, sie mit allen Sinnen zu erleben. Einen Sommer lang herrschte zum Beispiel erbitterter Krieg zwischen den Stämmen der Weißfeder- (mein Vater) und Schwarzfeder-Indianer, einem Haufen Kinder. Regelmäßig wurde mein Vater gefangen genommen und an den Baum gebunden. Er brachte uns bei, aus dem Wald die richtigen Zweige zu holen, um Bogen zu bauen, dazu leichte Pfeile aus Schilf, die hinten vorsichtig mit Federn für den geraden Flug versehen und vorne mit etwas Holz ausbalanciert wurden. Nie waren unsere Eltern zu müde oder zu genervt für ein Spiel. Mitten im Winter organisierte meine Mutter spontan ein Picknick im tiefen Schnee an einer geschützten Stelle des Hauses. Sie versorgte uns mit Decken, servierte heißes »Skiwasser« in Bechern mit einer »Skijause«, bestehend aus Schinkenbroten, und gab uns das Gefühl, wir wären im Winterurlaub in einem Schweizer Skiort. Sie verstand es, ein alltägliches Mittagessen in ein Abenteuer zu verwandeln.

Es gibt ein Foto von meinen Brüdern Niklas und Albrecht, sie sind darauf vielleicht acht und vier Jahre alt. Durch den tiefen Schnee im Garten ziehen sie einen braunen Holzschlitten, während Baska, unser Labrador, um sie herumspringt. Sie spielen Amundsen auf dem Weg zum Südpol und empfinden dabei die Mühe, das Elend und die Qual der Expedition ebenso wie die Faszination, widrigen Umständen zum Trotz nach einem Ziel zu streben. Man sieht, mit welcher Intensität sie in dem Abenteuer versunken sind, es ist real, mit allen Sinnen kämpfen sie sich durch einen Sturm in der Antarktis. Wenn man schon als Kind in der Lage ist, sich im Spiel in solchem Maße auf eine Situation einzulassen, begleitet einen diese Fähigkeit ein Leben lang. Sie hilft, die Kraft und das Potenzial neuer Erlebnisse zuzulassen und zu schätzen.

Ein einschneidendes Erlebnis für mich war eine wilde Segelreise mit der ganzen Familie. Ein Bekannter meines Vaters hatte mit der Leidenschaft des Unvernünftigen ein uraltes Boot wieder nutzbar gemacht und war dabei, es zu vermieten. Zusammen mit Freunden stopften wir jede Ecke des Schiffes mit Erwachsenen und einer Horde Kinder voll und machten uns so auf den Weg zu den Ionischen Inseln. Für mich und meine Brüder eröffnete sich eine neue Welt: der Wind in den Haaren, das Wasser, das am Schiff vorbeirauschte, so tiefblau, wie es nur weit draußen auf dem Meer ist, die großen Masten und die verwaschenen Schwimmwesten, die wir tragen mussten. Alles war aufregend.

Ich erinnere mich daran, dass man Niklas, Patrick und mich kaum vom Bug wegbekam, von Seekrankheit keine Spur. Wir klammerten uns an der Reling fest und sahen das Wasser auf uns zusausen. Wenn uns die Gischt erreichte, feierten wir mit Gejohle. Jede Welle war ein Erlebnis, über Stunden hinweg.

In den zwei Wochen auf dem Segelboot war nichts für mich so faszinierend, wie die Unterwasserwelt durch die Taucherbrille zu betrachten. Das Meer um Griechenland war tiefblau und warm, das Wasser klar, die Küste zerklüftet und steil mit einem Gewimmel von Leben. Täglich entdeckte ich neue, seltsame Fische. Abends aßen wir draußen an Deck, nachts schliefen wir dort unter dem Sternenhimmel, denn in den kleinen Kabinen war es schrecklich heiß.

Meine Brüder und ich, allesamt braun gebrannt mit ausgebleichten zotteligen Haaren, tauchten immer tiefer und holten große Muscheln vom Grund hoch. Zum Leidwesen meiner Mutter bestanden wir darauf, sie zuzubereiten und zu essen, obwohl sie reines Kaugummi und praktisch ungenießbar waren. Je nach Laune fühlten wir uns wie Seenomaden, Matrosen oder Tiefseeforscher.

Eines Tages lagen wir in circa 15 Meter Tiefe in einer kleinen Bucht vor Anker und hatten wie üblich an Deck zu Mittag gegessen. Patrick war mit dem Abwasch an der Reihe, für den er einen Eimer benutzte. Er holte die Teller heraus und schüttete das dreckige Wasser ins Meer. Ein Blinken in der Sonne und ein klirrendes Geräusch verrieten: Er hatte das Besteck vergessen und es mit Schwung über Bord gekippt. Für mehr als zehn Leute hatten wir nun nur noch einen Löffel übrig. Mein Vater versuchte, das Besteck wieder heraufzutauchen, doch er hatte Probleme mit dem Druckausgleich in den Ohren und schaffte es nicht, sodass er es schließlich mich versuchen ließ. Von oben sah ich das Metall auf dem Grund blitzen, in der gläsernen Helligkeit des Wassers wirkte es zum Greifen nah. Inzwischen war die Taucherbrille zu einem Teil von mir geworden, und ich hatte jeden Tag damit verbracht, länger unten zu bleiben. Endlich gab es einen Grund, meine neuen Fähigkeiten zu nutzen und mich zu testen.

Einen Moment lang konzentrierte ich mich und suchte den Blick zum Meeresboden. An welcher Stelle würde ich anfangen? Mit kräftigen Zügen schwamm ich hinunter. Messer, Gabeln und Löffel lagen verstreut hinter Felsen oder halb im Sand, sie hatten sich überall unter dem Schiff verteilt. »Ach, noch schnell das Messer«, dachte ich, »und da ist ja noch ein Löffel neben dem Stein, den noch, dann wieder hoch!« Mein Vater beobachtete mich und versuchte es ebenfalls weiter, schaffte es aber nie bis zum Grund. Er zog sich dabei ein Barotrauma zu, eine Überdruckverletzung des Mittelohrs, sodass sein Hörvermögen auf dem linken Ohr einige Tage lang eingeschränkt war. Oft ermahnt er mich heute zur Vorsicht – gerne erinnere ich ihn dann daran, dass ich schon immer die Vernünftigere von uns beiden gewesen bin.

Wenn ich zurückblicke, sehe ich, wie meine Eltern die Weichen stellten für abenteuerlustige Kinder. Ich war bei Weitem nicht immer mutig und bin es bis heute nicht. In vielerlei Beziehung war ich ein schüchternes Kind. Ich war einerseits für neue Erlebnisse zu haben, hatte aber andererseits häufig Angst. Angst davor, mit Fremden zu reden. Angst davor, ans Telefon zu gehen. Angst davor, irgendwo herunterzuspringen. Später, als junge Erwachsene, Angst davor, den Führerschein zu machen. Ich fürchtete mich vor allem Möglichen, doch die elementare Freiheit, die unsere Eltern uns nahebrachten, beeinflusste mich zutiefst und machte mich stärker.

In der kleinen Bucht gelang es mir, unter dem Beifall von Familie und Freunden das komplette Besteck zu bergen. Mein Vater überprüfte die Tiefe mit einem Senkblei und verkündete, dass ich 16 Meter hinuntergetaucht war – ich konnte den Stolz in seinen Augen sehen. Es war ein Erfolgserlebnis, das mir half, eine Schwelle zu überschreiten. Damals war ich davon überzeugt, vollkommen unsportlich zu sein, und hatte mich innerlich damit abgefunden, es für den Rest meines Lebens zu bleiben. An diesem Tag im klaren Wasser Griechenlands verstand ich zum ersten Mal, dass ich mir meinen eigenen Weg suchen musste, um meine Leistungsfähigkeit zu entdecken, und dass ich zu viel mehr in der Lage war, als ich für möglich hielt. Es war eine Erkenntnis, die mir neues Selbstvertrauen schenkte und die bis heute wichtig für mich ist.

Immer wieder sehe ich beim Unterrichten von Tauchern, wie viele Menschen den festen Glauben an die eigene Schwäche mit sich durchs Leben tragen. Aus Erfahrungen in der Kindheit oder den Teenagerjahren gewonnen, bleibt er haften und ist kaum abzulegen. Wer meint, körperlich zu nichts in der Lage zu sein, der baut sich diesbezüglich seine eigene Wahrheit. Jede Aktivität, die sich als mühsam entpuppt, jedes Scheitern verstärkt seine Überzeugung. »Ich kann das eben nicht, das ist nichts für mich, sieh mich doch an, ich bin nicht der sportliche Typ, ich bin nicht so mutig«, ist der Text, der endlos abgespult wird und in jeder Situation zu passen scheint. Zu erleben, in welchem Maße man sich und seine Fähigkeiten neu entdecken kann, wenn man einen Schritt ins Ungewisse macht, ist eine wichtige Erfahrung, die leider vielen Menschen fehlt – eine, für die es nie zu spät ist.

Meine Neugierde auf das Leben half mir glücklicherweise schon früh, den Glauben an die eigene körperliche Unzulänglichkeit zu überwinden. Schnell wurde deutlich, dass ich aus unerklärlichen Gründen ein Tauch-Gen besaß. Meine Geschwister fühlen sich allesamt im Wasser wohl, doch auch sie betrachten mich, wie die meisten Leute, bis heute mit einem ungläubigen Kopfschütteln, wenn ich ihnen von meinen Unterwasser-Expeditionen erzähle. Schon als Teenager hatte ich nur einen großen Wunsch: das Tauchen mit Flaschen zu lernen und wie Jacques Cousteau in seinen Filmen die Ozeane zu erkunden. Ich sah mich mit einem zerbeulten Schiff durch die

Welt fahren, Haie, Rochen und Kraken beobachten und versunkene Schätze entdecken.

Als ich 17 Jahre alt war, bot sich mir endlich die lang ersehnte Chance. Inzwischen ging ich am Bodensee zur Schule, den ich als einen sich ständig wandelnden Hintergrund von unvergleichlicher Schönheit empfand. Bei klarem windstillem Wetter reflektierte er die Wolken, spiegelglatt und endlos. Wenn sich Sturm anbahnte, nahm er die bleigraue Farbe des bedrohlich aussehenden Himmels auf und schlug kurze, aggressive Wellen an das Kiesufer. Unter seiner Oberfläche verbergen sich Reste von Pfahlbauten, versunkene Schiffe und gefährliche, senkrecht in die Tiefe abfallende Steilwände, an denen immer wieder Taucher ihr Leben verlieren.

Mich und ein paar meiner Mitschüler zog diese verborgene Seite des Sees unwiderstehlich an. Mit Einverständnis der Eltern gründeten wir eine Tauch-AG und belegten einen Anfängerkurs beim lokalen Tauchverein. Als nach Wochen Theorieunterricht und Training im Schwimmbad der erste Ausflug in die Tiefe anstand, war ich früh wach. Es herrschte Oktoberwetter, ein feiner Nieselregen schwebte als kalte Nässe in der Luft und kroch uns unter die Kleidung. Der anthrazitgraue See verschwamm mit dem Nebel, der alles bedeckte. Es gab keinen Horizont, keinen Blick in die Ferne über das Wasser, in dem es mit einer Temperatur von unter zehn Grad nicht nur kalt, sondern auch vollkommen dunkel war, eine Düsternis, die mir nicht unheimlich, sondern faszinierend und aufregend erschien.

Der Tauchlehrer schwamm mit einer Lampe vor mir her, während ich mich hinter ihm in der Schwebe hielt und mich fühlte, als wäre ich in eine neue, mysteriöse Welt versetzt worden. Langsam glitten wir an dem steil ins Bodenlose abfallenden Hang entlang, vorbei an Felsen und bleichen Ästen, die neben einem Autoreifen gespensterhaft aus dem graubraunen Schlamm ragten. Als wir auf dem Weg zurück auf einen Aal stießen, der aus einem Loch schaute und sich langsam hin und her bewegte, war ich an die unwirtliche Unterwasserwelt verloren. Wenn auch keine Attraktion im herkömmlichen Sinne, hatte der See doch seine eigene Magie. Ich hatte entdeckt, dass mich nicht nur die lichtdurchfluteten Gewässer von eindeutiger Schönheit faszinierten, sondern auch die Orte, für die man Willen braucht und die Bereitschaft, sie mit offenen Augen zu sehen. Wer sich die Mühe macht, sie zu erobern, spürt ihre urtümliche Anziehungskraft und wird mit unvergesslichen Eindrücken belohnt, die weit über das vergleichsweise leichte Erleben von Postkartenidylle hinausgehen.

Zu meinem Glück konnte ich mich schon als Kind und Jugendliche ausprobieren und einer Leidenschaft nachgehen – eine Art zu leben, die mir erhalten blieb und die mich mit den Jahren immer weiter in die Unterwasserwelt führte. Ich erlebte sie in all ihren Schattierungen, betauchte die dunklen Tiefen von Seen und beobachtete das Gewimmel tropischer Riffe, sah Rochen, Haie und Meeresschildkröten, und es schien mir, als könnte nichts schiefgehen, als sei ich ein Teil dieses einzigartigen Lebensraums. Doch wer sich mit dieser Art von Neugierde in die Welt hinausbegibt und dort seine Grenzen sucht, muss sich irgendwann über seine Sicherheit Gedanken machen und darüber, wie er mit der Suche nach dem Unbekannten umgehen will.

Mein Erwachen kam, als ich mit 23 Jahren auf der kleinen, damals kaum erschlossenen Karibikinsel Tobago mit dem Rucksack herumreiste. Ich war mit dem schwedischen Besitzer einer Tauchschule im Wasser, einem Riesen mit langen blonden Haaren, der das Klischeebild eines Wikingers erfüllte. Über die Kante eines prächtigen Riffes segelten wir in den Abgrund, ein unfassbares Gefühl, mühelos frei fallend ging es hinunter ins Nichts. Erst als wir in 50 Metern umdrehten, wurde spürbar, was diesen Abstieg so intensiv gemacht hatte: Eine kräftige Abwärtsströmung zog uns an der Steilwand entlang in die Tiefe, mit einem Sog, gegen den anzuschwimmen viel Kraft erforderte. Er bildete eine Gefahr, die wenig zuvor einem anderen Guide mit seinem Kunden zum Verhängnis geworden war. Die bedrohliche Strömung hatte mir bewusst gemacht, dass ich mich nicht mehr einfach so auf das Urteil anderer verlassen würde. Ich wollte Risiken selbst einschätzen und meine eigenen Entscheidungen treffen können.

Es ist ein Merkmal unserer Zeit, dass immer weniger Menschen eine Leidenschaft ganz ausleben. Wir suchen Ablenkung und simple Unterhaltung und haben uns daran gewöhnt, alles sofort zu bekommen. Kaum jemand ist wirklich mit vollem Herzen Bergsteiger, Taucher oder Segler. Wer sich früher als Bergsteiger verstand, der machte sich jedes Wochenende, zu jeder freien Zeit auf den Weg nach oben. Dabei lernte er über Jahre, den Berg, das Wetter und seine eigenen Fähigkeiten einzuschätzen. Nie wäre es ihm in den Sinn gekommen, den Everest besteigen zu wollen. Man bewunderte die Messners dieser Welt für ihre Hingabe und ihr außergewöhnliches Können und genoss die Herausforderung der Natur im den eigenen Möglichkeiten angemessenen Rahmen.

Heute möchten die wenigsten von uns die Geduld und Zeit aufbringen, die notwendig sind, um wirklich Bergsteiger zu sein. Wir suchen ein Erlebnis, das auf einer Liste steht, und wir möchten es möglichst schnell. Man meldet sich zu einer Everestexpedition, ohne jemals anspruchsvolle Gipfel erklommen zu haben und ohne Interesse daran, sich das Können, Wissen und die Erfahrung anzueignen, die zu dieser Leidenschaft dazugehört. Auch beim Tauchsport ist dieser Trend spürbar – immer mehr Menschen gehen nur ein einziges Mal tauchen, denn im nächsten Urlaub wird etwas anderes ausprobiert. Auf diese Weise die Welt zu erleben, reicht mir nicht aus, denn mich in etwas zu vertiefen, ist mir ein elementares Bedürfnis.

Ich machte mich also auf den Weg, Tauchlehrerin zu werden, eine Erfahrung, die meinen Horizont auf ungeahnte Weise öffnete und mir überraschend viele Dinge fürs Leben mitgab. In der auf der thailändischen Insel Phuket gelegenen kleinen deutschen Tauchbasis Calypso Divers wurde ich unter Anleitung von Steffen Kochan vom sicheren Taucher zum Profi, der sich um andere kümmert und Verantwortung übernimmt. Durch die Arbeit lernte ich, wirklich zu »sehen«. Ich bekam einen Blick für die Stellen, an denen sich Meerestiere verstecken, erkannte schon aus dem Augenwinkel die Fühler einer winzigen gestreiften Putzergarnele unter einer Koralle. Das silbrige Glänzen eines Haies, der am Rande des Sichtfeldes im Blau kreiste, entdeckte ich ebenso wie die Schildkröte, die langsam zur Oberfläche glitt und dabei einen Schatten auf den weißen Sandboden warf. Die Unterwasserwelt jeweils mit den Tauchern in der Gruppe zu teilen, die ich führte, empfand ich als etwas Besonderes. Gemeinsam erlebt man die Faszination unserer Welt und weiß: Diese Momente sind ein Geschenk.

Wie wichtig es ist, sich seine Begeisterungsfähigkeit zu erhalten, wurde mir vor allem dann bewusst, wenn Gäste an Bord kamen, denen nichts Freude bereitete. Einmal fuhr ein Amerikaner mit uns hinaus, ein erfolgreicher Geschäftsmann Ende dreißig, der in Bangkok lebte. Schon auf dem Weg zum Tauchplatz wirkte er unzufrieden, unsere »Greta«, eines der besten Tauchboote in Phuket, war ihm eindeutig nicht schick genug.

An diesem Tag sahen wir neben dem üblichen Gewimmel am Riff eine goldgesprenkelte Riesenmoräne frei schwimmend durch die Korallen ziehen, begegneten einem Oktopus, der sich aus seinem Loch gewagt hatte, und beobachteten zum Abschluss eine große Schildkröte beim Fressen. Die ganze Gruppe kletterte in Hochstimmung wieder an Bord, alle redeten ununterbrochen über ihre Erlebnisse. Nur der Amerikaner blieb still. Als ich ihn fragte, ob es ihm gefallen habe, antwortete er mit einem Schulterzucken und sagte: »Wir haben ja nichts gesehen.«

Ich war sprachlos. Als erfahrener Taucher sammelt man mit der Zeit viele Eindrücke, unter ihnen Höhepunkte wie Begegnungen mit großen Haien, Walen oder Mantarochen. Nicht jeder Tauchgang ist gleichermaßen spektakulär, manche sind ereignislos, und man kann sich auch schon mal ein wenig langweilen. Doch wer sich über die Begegnung mit einer sanft durch das klare Wasser gleitenden Schildkröte nicht mehr freut, hat etwas verloren. »Wenn ich je so wenig fühle«, dachte ich, als ich mich von diesem Gast verabschiedete, »bin ich auf dem falschen Weg.« Die Fähigkeit, die Vielfalt seiner Umgebung wahrzunehmen und zu schätzen, ist für mich ein elementarer Teil der Lebensfreude, den man sich immer wieder neu erhalten muss und den man besonders in den kleinen und unerwarteten Dingen findet. Vor ein paar Wochen ging ich die Straße entlang, als ich, mitten im üblichen Berliner Dreck, unter einem Baum, an den im Akkord die Hunde pinkelten, ein kleines, selbst gebasteltes Kreuz sah. »Maus« stand darauf in krakeliger Schrift. Offensichtlich hatten Kinder eine tote Maus gefunden und sie ordentlich in der Asphaltlandschaft beerdigt, so wie wir früher die toten Vögel und Eidechsen begruben, die wir manchmal im Garten fanden. Diese kleine Stadtgeschichte brachte mich zum Lächeln und wird mir, ebenso wie viele meiner Erlebnisse unter Wasser, in Erinnerung bleiben. Wenn man möchte, kann man überall die faszinierende Vielfalt des Lebens sehen und lernen, an ihr mit Kreativität teilzunehmen.

Dabei sind es nicht nur Naturerlebnisse, in denen man sich fordern und entdecken kann. Bei allem Fernweh, das mich immer wieder in die Welt hinauszieht, fasziniert mich ebenso, mich dem Dschungel der modernsten Metropolen auszusetzen. Als freiberufliche Produktionsassistentin arbeitete ich einige Jahre in London, das ich mir ebenso erobern musste wie den kalten Bodensee mit seinen undurchdringlichen, schlammigen Tiefen. London war eine Wildnis und eine Herausforderung und sich dort zurechtzufinden, ein einziges, großartiges Abenteuer.

Oft war die Stadt hart, grau, fremd, voll, zu groß, zu laut, zu eng, zu teuer. Zur Arbeit zu gelangen, war ein sich wiederholender Kampf, vorbei an Menschenmengen, in Zügen eingepfercht, die ohne Vorwarnung bis zu 30 Minuten im Tunnel stehen blieben, im Regen schier endlos auf Busse wartend, begleitet von dem ständigen Gefühl, spät dran zu sein. Mit Begeisterung erlebte ich eine Stadt voller Widrigkeiten, die ich als spannend empfand, und mit Chancen, die ich entdecken wollte, denn die grundlegende Neugierde auf die Umgebung und die Bereitschaft, sich ihr zu stellen, überträgt sich in jede Situation.

Während ich mir in London einen Platz in einer der faszinierendsten, aber auch schwierigsten Städte der Welt erkämpfte, zog es mich in meiner freien Zeit immer wieder zum Ausgleich nach Sharm el Sheikh, einem kleinen, ägyptischen Urlaubsort, der im äußersten Süden der Halbinsel Sinai am Roten Meer liegt. Auf den ersten Blick ist er wenig attraktiv. Zwischen großen Straßen verteilen sich zersiedelte Hotels, viele davon Bauruinen aus Beton, die nie fertiggestellt wurden. Auf der braunen, leblosen Wüstenfläche liegt Plastik, und hier und da parken verbeulte Autos, neben denen die Menschen auf der Erde schlafen. Es ist nicht leicht, so einen Ort zu lieben, doch wer gewillt ist, den Müll und die hässlichen Bauten zu übersehen und die Augen zu öffnen, spürt die einmalige Schönheit dieser Gegend in der Seele. Am Horizont, hinter der Ebene, die vom Meer nach Norden führt, ragen Berge auf, die sich in Schattierungen von Hellgrau bis Tiefschwarz vom Himmel abheben, wenn die Sonne untergeht. In der trockenen Luft wird die Wüste eine Zeit lang zu purem Gold, ein unvergleichliches Licht, das ich nur hier erlebt habe und das alles durchdringt. Der Wind gibt nach, das Meer beruhigt sich und wird still. Die Rufe der Muezzins schallen verzerrt aus den Lautsprechern der vielen Moscheen, während der Sinai mit einem langen Ausatmen von der brennenden Intensität des Tages zur weichen Ruhe des Abends wechselt.

Ich arbeitete in der von Engländern geführten Basis *Red Sea College* und sammelte Erfahrung, bis mich im Tauchgeschäft kaum noch etwas aus dem Konzept brachte. Ich beruhigte nervöse Taucher und zeigte ihnen Meerestiere, die sie übersehen hätten. Ich führte Diskussionen mit den Bootskapitänen und sagte alkoholisierten Gästen, dass sie für den Rest des Tages an Land bleiben mussten, auch wenn sie mit Beschwerden drohten. Unter Einsatz von Diplomatie trennte ich Pärchen voneinander, um eine Beziehungskrise unter Wasser zu verhindern, und holte Taucher aus der Tiefe, die sich, vom Fotografieren abgelenkt, zu weit hatten fallen lassen. Ich lernte, im Umgang mit schwierigen Situationen meinem Urteil zu vertrauen, und entwickelte über die Liebe zum Tauchen Eigenschaften, die bis heute die Grundlage für meinen beruflichen, sportlichen und persönlichen Erfolg bilden.

Wer sich die Zeit nimmt, mit ganzem Herzen eine Leidenschaft zu verfolgen, gewinnt Stärken, die ungeahnt im täglichen Leben zum Einsatz kommen. Dem Anwalt, der versucht ist, nächtelang bis zum Burn-out an einem Fall zu arbeiten, hilft die am Berg entwickelte schonungslose Ehrlichkeit im Einschätzen seiner Kräfte, mit der er sein Ego besiegt. Eine Fähigkeit, die er braucht, um bei schwierigen Bedingungen die richtigen Entscheidungen zu treffen und sicher herunterzukommen.

Der Broker an der Börse nutzt den beim Segeln geschärften sechsten Sinn für kleinste Veränderungen im Wetter, die ein Risiko für Boot und Crew bedeuten, um bei einem sich anbahnenden Kurssturz seinem Gespür zu vertrauen und zu handeln, bevor es zu spät ist. Der Lehrer, der als Student als Kanu-Guide gearbeitet hat, versteht es, Schüler zu begeistern und ihnen die Augen für die Welt um sie herum zu öffnen.

Die Autorität, die ich entwickelte, während ich Gruppen von

Tauchern in schwierigen Situationen führte, hilft mir heute, als Coach bei der Bundeswehr, den Respekt eines Lehrgangs von neuen Kampfschwimmern zu gewinnen, die sich mir und meiner Expertise anvertrauen. Die Bereitschaft, sich auf hohem Niveau Fertigkeiten anzueignen, in überraschenden Situationen Potenzial zu sehen und sich immer wieder begeistern zu lassen, erlaubt einem, im Unbekannten ungeahnte Chancen zu entdecken und ein abwechslungsreiches Leben zu führen. Für mich bedeutet das vor allem, niemals auszulernen.

Eines Tages wurde mir in Sharm el Sheikh bewusst, dass mir beim Tauchen eine wichtige Zutat verloren gegangen war: die persönliche Herausforderung. Ich spürte den Stillstand und überlegte, was ich dagegen unternehmen könnte, als ich auf einen Artikel in der Zeitschrift *Unterwasser* stieß, in dem es um das »technische Tauchen« ging. Die Redakteure beschrieben darin ihren Weg zu einem Tauchgang in 100 Meter Tiefe. Beim Lesen sehnte ich mich danach, mich wieder zu fordern. Am selben Abend holte ich Erkundungen ein und war schon bei der Suche nach einem möglichen Lehrer voll aufgeregter Vorfreude.

Technisches Tauchen umfasst alle Arten von Tauchgängen, bei denen einem der direkte Weg zur Oberfläche versperrt ist oder man mehrere Gasgemische nutzt, um die Grenzen des Tauchens mit normaler Luft zu verschieben. Wenn es dabei darum geht, große Tiefen oder lange Tauchzeiten zu bewältigen, bedeutet es, dass man auf dem Weg nach oben sogenannte Dekompressionsstopps einlegen muss, da ein direktes Auftauchen zur Oberfläche Dekompressionskrankheit zur Folge hätte. Man hat eine Art gläserne Decke über sich – bestehend aus den Dekompressionsstufen – und muss jedes Problem unter Wasser lösen. Um extreme Tiefen zu erreichen, braucht man eine komplizierte, angepasste Ausrüstung, deren Handhabung man im Schlaf beherrschen muss. Obwohl das Risiko durch Training und präzise Planung in hohem Maße kontrollierbar ist, bleibt ein Rest von Gefahr. Wer technischer Taucher werden will, wägt ab, bei wem er lernt, denn bereits die Kurse sind nicht ohne Risiken, und die Qualität der Ausbildung steht in direktem Bezug zur späteren Sicherheit.

Zu meinem Glück wurde das technische Tauchen im Red Sea College von einem Schotten namens Aaron Bruce geleitet, der als einer der Besten der Branche bekannt war. Aaron war in der englischen Marine Minentaucher gewesen, ein riskanter und mental anspruchsvoller Beruf. Er ist klein und stämmig, mit blonden Haaren, die er an den Seiten kurz geschoren trägt. Vom Wesen eher wortkarg und etwas rau. Er liebt es, andere mit einer starren, ausdruckslosen Miene einzuschüchtern. Wenn wir Schüler halbwegs zurechtgekommen waren, ignorierte er uns weitestgehend. Hatten wir die Aufgabe anständig vermasselt, was häufig vorkam, reichte ihm ein scharfer Blick, um uns sein Urteil wissen zu lassen. Meisterten wir die Übung wider Erwarten perfekt, konnten wir uns über ein zustimmendes Brummen freuen. Aaron war nicht dafür da, uns die Hand zu halten, doch wer genau hinsah, konnte sein wahres Wesen an der Art erkennen, mit der er liebevoll mit seiner Tochter spielte – und an der Tatsache, dass der harte Kerl auf dem Oberarm ein kleines, buntes Popeye-Tattoo trug. Mir kamen seine hohen Ansprüche gerade recht – ich stürzte mich mit Begeisterung in jeden meiner dämlichen Fehler, ertrug Aarons strenge Blicke gut gelaunt und betrachtete meine täglichen Katastrophen und blonden Momente als wichtigen Teil des Lernprozesses.

Eine der ersten Übungen unter Wasser, die ich mit Elan vermasselte, war das Ab- und Wieder-Anlegen der gesamten Ausrüstung. Wir trugen zwei Flaschen auf dem Rücken und ungewohnt lange Schläuche um uns gewickelt, dazu ein kompliziertes Gurtsystem, das alles am Platz hielt. In zwölf Meter Tiefe gab uns Aaron eine sogenannte Blindmaske, die dem Taucher die Sicht nimmt und die obendrein über ein Loch mit Salzwasser vollläuft – keine reine Schikane, sondern die Simulation einer besonders unglücklichen Situation: Man hat bei Dunkelheit die Maske verloren, die Lampen sind ausgefallen, man kann nichts sehen und hat sich in dieser Lage in seiner Ausrüstung verheddert oder ein Problem, das man nur durch das Ablegen des Gerätes lösen kann.

Auf Aarons Kommando mussten wir uns also blind aus der Ausrüstung schälen und diese perfekt wieder anlegen, ohne etwas zu vertauschen oder uns in den Schläuchen zu verstricken. Da ich schmaler und leichter war als meine männlichen Mitstreiter, trug ich keinen Bleigurt, denn ich sank mit dem schweren Equipment sowieso. Dieser unwichtig scheinende Unterschied entpuppte sich in dem Moment als Problem, als ich, blind und mit reichlich Salzwasser in der Nase, die Tanks auf dem Grund ablegte. Der Auftrieb meines Neoprenanzugs drängte mich sofort nach oben, während das schwere Gerät brav unten auf dem Sandboden liegen blieb, mit dem ich jetzt nur noch durch den letzten Schlauch verbunden war, an den ich mich verzweifelt klammerte. Während ich mich mit viel Gestrampel und gedanklichem Fluchen in meine Ausrüstung zurückarbeitete, betrachtete Aaron meine Mühen ungerührt, aber mit einem inneren Grinsen, wie er mir später verriet. Unter seinem strengen Blick fühlte ich mich wie ein absoluter Anfänger. Es war so deprimierend wie anregend. Ich konnte es jedes Mal kaum erwarten, wieder ins Wasser zu gehen, denn der tägliche Dämpfer, den wir alle bekamen, war der Moment, in dem wir wuchsen, und die Herausforderung, die ich gesucht hatte.

Um große Tiefen zu erreichen, nutzt man das sogenannte Trimix, ein Gemisch aus Helium und Luft, mit dem zu tauchen kompliziert und anspruchsvoll ist. Wer sich an die Trimix-Qualifikation wagt, ist erfahren und von sich und seinen Fähigkeiten überzeugt – zumindest so lange, bis er das erste Mal mit Aaron ins Wasser geht. Während der Ausbildung lernt man in kürzester Zeit, sein Ego zu überwinden, denn niemand besteht die Übungen und Drills, ohne regelmäßig an seine Grenzen zu stoßen. Dabei entwickelt man Demut und Respekt vor den Risiken, die diese Art von Tauchen mit sich bringt. Die Tür zu ungeahntem Potenzial, die sich öffnet, wenn man sein Ego bezwingt, ist ein großartiges Geschenk und jeden der Momente, in denen man sich wie der letzte Idiot verhalten, und jeden verdienten Rüffel, den man kassiert hat, unbedingt wert.

Die Wochen konzentrierter Arbeit und meine Bereitschaft, mich offen den neuen Anforderungen und Aarons ausdrucksloser Miene zu stellen, wurden belohnt, als er mir erlaubte, den letzten Tauchgang zur Trimix-Qualifikation in eine Tiefe von 90 Metern zu planen. Ich stand vor der Erfüllung eines Traums: den Boden des Thomas Canyon zu berühren, einer engen Spalte, die sich in 30 Meter Tiefe durch ein Plateau am Thomas Riff zieht, das etwa 1,5 Kilometer nördlich von Sharm el Sheikh in der Straße von Tiran liegt. An manchen Stellen kann man die senkrechten Wände links und rechts mit den Händen berühren, an anderen Stellen öffnen sie sich, bleiben aber immer nur ein paar Meter voneinander entfernt. Langsam schwimmt man den Canyon entlang, unter riesigen, in die Spalte eingeklemmten Korallenstücken hindurch, die einen jedes Mal eine Stufe tiefer zwingen, bis man in 70 Meter zu einem Tunnel gelangt, der gerade groß genug für einen Taucher ist. Durch den dunklen Gang erreicht man den bläulich schimmernden Ausgang, bevor man über eine Kante direkt auf den weißen Sandboden in 90 Meter Tiefe zufällt. Mit seinen steilen Wänden, an denen sich Fische verstecken, den Durchlässen und dem unvergleichlichen Licht, das dort unten herrscht, ist der Thomas Canyon einer der faszinierendsten Orte, die ich unter Wasser gesehen habe.

Am Morgen dieser abschließenden Herausforderung saß ich mit angelegter Ausrüstung auf dem Boot und visualisierte jeden Moment des Tauchgangs. Vor meinem inneren Auge sah ich das Blau der Tiefe. Ich spürte die Geschwindigkeit, mit der wir uns dem Plateau nähern und durch die kleine Öffnung fallen würden, exakt in der Mitte positioniert, um mit den rechts und links unter den Armen getragenen Tanks nicht anzustoßen. Ohne Hast würden wir uns durch den Canyon bewegen und dabei weiter hinunterfallen, unter dem ersten Korallenblock hindurchschwimmen, unter dem zweiten, nun schon in über 50 Meter, dann durch den Tunnel. Im Tauchgang selbst waren die Abläufe mühelos und flüssig, jeder Handgriff ein Teil von mir. Am stärksten in Erinnerung blieb mir der Augenblick, in dem ich über die Kante auf den Grund in 90 Meter Tiefe zuflog und dort endlich den sandigen Boden berührte. Es war später Vormittag, die Sonne stand hoch, und als ich mich auf den Rücken drehte, um an den Wänden der Schlucht entlang nach oben zu sehen, bewegte sich über uns im Gegenlicht die Silhouette einer Gruppe Taucher, wie Zugvögel, die langsam vorüberziehen. Bewusst nahm ich das Licht der Tiefe in mich auf. Am Grund der Schlucht war es dämmerig, doch der weiße Sand reflektierte den letzten Rest Sonnenstrahlen und erzeugte eine seltsame Helligkeit, als würde es von unten leuchten. Die Oberfläche war in unerreichbarer Ferne und dennoch glasklar. Mir schien, als könnte ich endlos weit sehen, bis in den Himmel selbst. Selten habe ich einen Moment mit einer solchen Intensität erlebt. Ständig präsent war das Bewusstsein für die anspruchsvolle Situation, in der wir uns befanden, denn bei solchen Tauchgängen ist der Weg nach oben lang und kompliziert. Je nach Tiefe atmet man verschiedene Gase aus den vier Tanks, die man bei sich trägt. Ein einziger Atemzug aus der falschen Flasche kann tödlich sein, die absolute Konzentration darf nie fehlen. An diesem Tag fand ich die perfekte Balance aus Erleben der Unterwasserwelt und Herausforderung, aus der Wahrnehmung der Natur und dem offenen Horizont von Möglichkeiten, vor dem ich stand.

Abends feierten wir die bestandene Ausbildung bei einem

Bier, während Aaron einmal zustimmend brummte und die ganze Geschichte mit einem »Gut gemacht« abschloss. Er blieb ein Mentor für mich, und die Ansätze, die er uns lehrte, beeinflussen bis heute meine Einstellung zum Tauchen, meinen Umgang mit Risiken und meine Entscheidungen. Einer der vielen Leitsätze, die er uns mitgab, war »Complacency kills«. Es bedeutet so viel wie: Wenn man sich zu sicher wird in dem Bewusstsein des eigenen Könnens und zu bequem in der Überzeugung, dass man weiß, was man tut, wird es gefährlich. Das Gefühl, man habe schon alles im Griff, gepaart mit der Bequemlichkeit, die einen Sicherheitsvorkehrungen vernachlässigen lässt, tötet in Sekundenschnelle. Darüber hinaus verschwindet mit dieser Art von Überheblichkeit unweigerlich das Bedürfnis zur Weiterentwicklung und damit eine der wichtigsten Grundlagen der Lebensfreude.

Auch ich laufe Gefahr, mich in dieser Haltung ungewollt wiederzufinden. »Complacency kills« ist ein Mantra, das mir noch immer in unterschiedlichsten Situationen in den Sinn kommt. Mir meine Leidenschaft, meinen Wissensdurst und die Freude an den Dingen, die ich erleben darf, zu bewahren, ist mir ein grundlegendes Bedürfnis. Wer sich regelmäßig Neuem aussetzt, auch in Bereichen, in denen er seit Jahren routiniert ist, entwickelt sich weiter und verschiebt seine Grenzen. So bleibt die Faszination, die das Unbekannte auf mich ausübt, und die Sehnsucht danach, die verborgenen Möglichkeiten in mir und meiner Umgebung zu entdecken, eine Konstante, die mich nie loslässt.

Anstatt mich mit komplizierten technischen Mitteln in immer größere Extreme zu führen, bescherte mir diese Art und Weise, mit Neugierde zu leben, nach einigen Jahren des Trimix-Tauchens einen ebenso überraschenden wie radikalen Richtungswechsel: Ich wurde daran erinnert, dass ich die Tiefe mit nur einem einzigen Atemzug erfahren konnte, und fand dabei die ultimative Auseinandersetzung mit mir selbst und dem

Meer. Doch zuallererst bedeutete es wieder einmal: Anfänger sein – einer der besten Zustände im Leben.

Manchmal denke ich, dass es nicht schaden würde, sich regelmäßig die Frage zu stellen: Wann habe ich das letzte Mal etwas Neues gewagt? Wenn es sehr lange her ist, ist es vielleicht an der Zeit, daran etwas zu ändern. Im Moment ist meine Antwort einfach – ich bin Anfänger-Autorin, lerne jeden Tag dazu und kann bestätigen, dass es eine große Herausforderung ist – eine, bei der ich mir ständig die Haare raufe, aber ebenso eine besonders schöne!

KAPITEL 2:
VERÄNDERUNG

Neue Wege in die Tiefe

Vor Aufregung konnte ich nicht schlafen. Im Zimmer einer kleinen, plüschigen Pension in der englischen Hafenstadt Portsmouth bewegte ich mich in Gedanken durch eine blaue Welt, weit entfernt von Duftspendern und geblümten Vorhängen. Unmerklich veränderte sich mein Atemrhythmus. Einatmen, Pause. Ausatmen, die Luft aus den Lungen sinken lassen, langsam, sanft. Pause. Den Stillstand spüren. In meiner Vorstellung sah ich das Meer vor mir, sah leise Wellen, die das Licht der Sonne reflektierten. Sah, wie sie am Horizont mit dem Himmel verschmolzen. Ich wusste, wie es sich anfühlen würde, abzutauchen, ins Bodenlose. Spürte den letzten Atemzug, das Wasser im Gesicht. Sah den Weg nach unten, offen ins Nichts.

Hinter mir lag der erste Tag eines Apnoeworkshops, angefüllt mit Theorie, Praxis und Stunden des Lernens, in denen ich die Faszination meiner Kindheit wiederentdeckte. Ich ahnte nicht, welche Wendung mein Leben nehmen würde, doch als ich mich in meinem schmalen Bett in die Tiefe träumte, war ich längst verloren. Verloren an eine Welt ohne Atem.

Eine Woche zuvor saß ich, in das Buch »Der Weg des Künstlers« vertieft, in meinem Lieblingscafé in London. Am Ende eines Kapitels stellte die Autorin Julia Cameron den Lesern eine einfache Aufgabe: Schreiben Sie all die Dinge auf, die Sie schon immer einmal machen wollten. Auf meiner Liste stand:

- Alaska besuchen
- Die Antarktis besuchen

- Die Arktis besuchen
- Klettern lernen
- 150 Meter tief mit Trimix tauchen
- Höhlentauchschein machen
- Einen Marathon unter vier Stunden laufen
- Ein Buch schreiben
- In New York leben
- Den Himalaja sehen
- Kraulen lernen
- Apnoekurs machen
- Eine Regatta segeln
- Eine Wintersaison in den Bergen verbringen
- Wieder Spanisch üben
- Beim Snowboardfahren Kurven mit extremer Schräglage schaffen

Je mehr ich darüber nachdachte, desto mehr Dinge fielen mir ein. Nach einer Weile siegte meine Neugierde darauf, wie die Übung weitergehen würde, und ich las den zweiten Teil der Aufgabe. Sie lautete: »Suchen Sie sich eine Sache von Ihrer Liste aus, und fangen Sie jetzt an, sie zu verwirklichen.«

Nach zwei weiteren Tassen Kaffee hatte ich bei der englischen Apnoeausbilderin Emma Farrell einen Workshop gebucht, mit dem ich mir eine Erfahrungsgrundlage zulegen wollte, die über die Laienexperimente meiner Kindheit hinausging. Ich hatte beim Trimix-Tauchen 130 Meter erreicht und plante immer tiefere Tauchgänge mit zunehmendem Risiko. Durch Apnoe wollte ich mentale Stärke gewinnen und meine Sicherheit unter Wasser erhöhen.

An einem windigen Samstagmorgen mit blasser Märzsonne traf ich mit elf weiteren Schülern auf einer Marinebasis in Portsmouth ein. Vorbei an zweckmäßigen Kasernengebäuden fuhren wir zu einem zehn Stockwerke hohen Turm, in dem sich ein »Submarine Escape Training Tank«, kurz »SETT« genannt, versteckte. Dabei handelt es sich um ein knapp 30 Meter tiefes Schwimmbecken, eine Art Röhre, in dem U-Bootfahrer den Notausstieg üben können. Eine der letzten Anlagen dieser Art steht auf dem Gelände des Einsatzausbildungszentrums der Marine in Neustadt in Holstein – dass mich das Wochenende in Portsmouth Jahre später zur Arbeit in den deutschen »Tieftauchtopf« führen würde, wäre mir damals nie in den Sinn gekommen.

Von der englischen Marine hatte Emma Farrell die Erlaubnis bekommen, im SETT an den Wochenenden Apnoe zu unterrichten. Groß und schlank, mit langen blonden Haaren, einer guten Portion Selbstironie und einem Sinn für Unsinn, der sich nur schwer verstecken ließ, tat sie ihr Bestes, um den nervösen Haufen Schüler halbwegs zu beruhigen. »Ihr müsst nicht ganz heruntertauchen«, sagte sie beschwichtigend zu uns. Kurz darauf stiegen wir im zehnten Stock aus dem Fahrstuhl, warfen zum ersten Mal einen Blick nach unten und wussten, was sie gemeint hatte.

Die 28 Meter Tiefe des Turms hätte ich im Meer kaum wahrgenommen, ähnlich einer Seitenstraße, die man als Fußgänger unbewusst überquert. Der Blick in den SETT war etwas anderes: Durch die enge Röhre, die hell erleuchtet und an der Wand mit Meterzahlen versehen war, wirkte die Distanz bis zum Boden schwindelerregend weit. Die ganze Gruppe wurde still. Ich spürte deutlich das Flattern im Bauch und dachte: Wenn ich es bis zur Hälfte schaffe, bin ich zufrieden.

Knapp zwei Stunden später lag ich auf dem Rücken und ließ mich vom Wasser tragen. Ich atmete ruhig, im immer gleichen Rhythmus, Emma hatte ihn mit uns geübt. Ich spürte, wie die Aufregung meinen Herzschlag beschleunigte. Würde mir der rasende Puls den Sauerstoff nehmen? Ich versuchte, mich von solchen Gedanken zu trennen und mich auf die nächsten Schritte zu konzentrieren. Die Lunge ein letztes Mal füllen, bis zum Rand. Umdrehen, die Orientierung suchen. Die Röhre war hell erleuchtet, ich sah einen anderen Kursteilnehmer mit kurzen, eiligen Flossenschlägen nach oben streben. Ich blendete ihn aus, für mich zählte nur der Blick nach unten: Ist mein Weg frei? Dann hieß es die Oberfläche loslassen. Emma war da, um mich zu sichern. Ich vertraute ihr.

Ohne Hast zog ich mich an einem der Seile hinunter. Fünf Meter, zehn, noch war es mühelos, dann in 17 Metern: ein seltsames Gefühl. Als wäre ich flach gedrückt, etwas schien mich zu würgen. Ich überlegte kurz. Hatte ich genug Luft? Es war der Druck auf meinem Hals, auf der Luftröhre, den ich spürte. Macht nichts, sagte ich mir, ist nicht schlimm. Inzwischen fühlte ich mich im Wasser schwer, hatte Emma im Ohr, die mir geraten hatte, mich fallen zu lassen, die Sinkphase auszunutzen. Langsam glitt ich an der hellblauen Wand entlang und kämpfte mit dem Drang, mich zu beeilen. Die 25-Meter-Marke zog an mir vorbei, noch wenige Sekunden, dann die Landung auf dem Gitterboden. Ich war fassungslos. 28 Meter tief, ohne Flaschen.

Ich verspürte kein Bedürfnis zu atmen. Nach oben sah die Röhre endlos lang aus, Emma schwebte im Gegenlicht und wachte über mich. Links von mir erkannte ich die Luke, aus der die U-Bootfahrer aussteigen mussten, dahinter prangte eine blonde Nixe mit großen Brüsten an der Wand. Einen Moment lang setzte ich mich im Schneidersitz neben sie auf den Grund. Ich ließ mir Zeit, bevor ich mich auf den Rückweg machte, inzwischen war es da, das Verlangen nach Luft, doch es erschreckte mich nicht. In zehn Metern Tiefe traf ich auf Emma, die mich genau beobachtete, denn jetzt lauerte die Gefahr der Ohnmacht. Durch ihre Maske lächelte sie mir zu: Sie war zufrieden. Zurück an der Oberfläche, sog ich mit dem ersten Atemzug den Stolz tief in meine Lungen und mit ihm das Bewusstsein, an der Schwelle zu neuen Möglichkeiten zu stehen.

Nach einem englischen Kneipen-Abendessen, bei dem wir Anfänger unsere Erfahrungen austauschten und die Tauchlehrer uns Geschichten aus der Apnoewelt erzählten, die uns unvorstellbar erschienen, lag ich schlaflos in meinem Pensionszimmer. Unbemerkt war ich in den Atemrhythmus verfallen, den wir den ganzen Tag geübt hatten. Meine Gedanken kreisten um das Gefühl, unter Wasser zu sein, und darum, in der Pause zwischen den Atemzügen neuen Raum zu finden. Von Stunde zu Stunde nahm meine innere Aufregung zu, immer deutlicher sah ich mich in dämmerigen, schwarzblauen Tiefen schweben. Gegen Morgen schlief ich endlich ein. Während ich in Träume aus Wasser und Licht hinüberglitt, kam mir ein letzter Gedanke: Mit einem Atemzug 60 Meter zu erreichen – das wäre unglaublich.

Ich ahnte nicht, dass sich diese Sehnsucht erfüllen sollte. In diesem Moment wusste ich nur, dass die Wiederentdeckung der atemlosen Stille aus meiner Kindheit mich mit einer überraschenden, emotionalen Wucht getroffen hatte.

Wir alle kennen es: das Gefühl, an der Schwelle von neuen, überraschenden Möglichkeiten zu stehen. Wir wissen nicht, wo es hingeht oder was es bedeutet, aber wir spüren: Alles ist offen. Ich habe dieses Gefühl beim Snowboardfahren ebenso wie beim Tauchen erlebt, bei der Entdeckung einer unbekannten Stadt, in die ich ziehen wollte, ebenso wie am ersten Tag eines neuen Jobs. Es ist nicht wichtig, was einen packt – wichtig ist nur, dass man in der Lage ist, sich so sehr auf etwas Neues einzulassen, dass es einen ganz und gar durchdringt.

Ein Journalist fragte mich einmal, ob das Tauchen eine Obsession sei, ohne die ich nicht leben könnte. Bei aller Leidenschaft für das Meer wäre der Verlust des Tauchens weniger dramatisch für mich, als er dachte. Ich würde die Tiefe mit ihrem Zauber vermissen und im gleichen Moment anfangen, intensiv zu klettern. Es gibt endlos viele Dinge, an denen ich mich ausprobieren möchte, und nicht genug Tage im Jahr, um sie alle unterzubringen. Gäbe es kein Tauchen mehr, würde etwas anderes seinen Platz einnehmen. Wenn man auf diese Weise lebt, hat man nie Mangel an Erfahrungen, die einen ausfüllen. Dabei steht am Anfang immer eine zentrale Fähigkeit: die Kunst, sich auf etwas einlassen zu können.

Im Freitauchen hat diese Grundfertigkeit eine größere Bedeutung als in den meisten anderen Sportarten, denn es lässt sich unmöglich erzwingen. Man braucht die Bereitschaft, sich fallen zu Lassen – im übertragenen wie im wörtlichen Sinne. So wie wir auf dem Weg nach unten den freien Fall nutzen, um uns der Tiefe zu überlassen, muss man lernen, Körper und Geist die Anpassung an den Lebensraum unter Wasser zu erlauben. Man muss sich seine Schwächen ebenso eingestehen können wie zulassen, dass ungeahnte Stärken im Wasser die Kontrolle übernehmen.

Wenn wir am Anfang stehen, ist das für uns oft nicht einfach. Als ich mich, in einer Gruppe mit elf Männern, nach zwei Stunden unter Emmas Aufsicht auf den Grund des Tanks fallen ließ, löste das in einem der Schüler eine Reaktion aus, die ihn den Rest des Wochenendes kostete. Er war ein lebhafter Neuseeländer Ende zwanzig mit kurz geschorenen Haaren und dem Körperbau eines Rugbyspielers, der nach ein paar Gläsern Bier Rückwärtssaltos vom Kneipentisch schlug und offenbar gewohnt war, bei sportlichen Aktivitäten immer der Beste zu sein. Kaum sah er mich den Boden berühren, musste er es unbedingt ebenfalls dorthin schaffen, nichts anderes interessierte ihn mehr. In diesem Moment war das Lernen für ihn vorbei, der offene Raum von endlosen Möglichkeiten verschlossen. Seine Tauchgänge wurden mit jedem Mal unruhiger und damit kürzer, man sah ihm den steigenden Druck an, bis er am Ende keine fünf Meter mehr schaffte. Er hatte sich selbst jede Chance genommen, an diesem Wochenende etwas zu erreichen.

Wenn man gewohnt ist, das Ruder in der Hand zu haben, derjenige zu sein, der den Weg vorgibt und Entscheidungen trifft, ist es schwer, an einer Schwelle zu stehen und sich leiten zu lassen. Man muss in der Lage sein, die Kontrolle abzugeben und dem Prozess zu vertrauen, der einen am Ende ans Ziel führen wird. Dabei ist es wichtig, sich den richtigen Mentor zu suchen, jemanden, an den man glaubt. Viele denken, dass ein Lehrer sie einschränken wird, und wollen lieber alleine lernen. Aber ein guter Mentor bewirkt das Gegenteil: Er macht seinen Schüler frei. Frei, sich ohne zu großes Risiko auszuprobieren. Frei, sich über die eigenen Grenzen hinaus zu entwickeln. Frei davon, den Lernprozess zu gestalten, und damit frei, seine ganze Energie in die intensive Wahrnehmung der neuen Erlebnisse zu stecken. Und nicht zuletzt befreit einen ein guter Coach oder Lehrer vom eigenen Ego, das einen gerne behindert.

In der kleinen Welt der Freitaucher wurden mir die Schwedin Lotta Erikson und ihre italienische Geschäftspartnerin Linda Paganelli empfohlen. Als Team waren die beiden in der internationalen Apnoeszene schon damals legendär. Linda war drahtig schlank, mit einem bissigen Humor, immer in der Lage, sich und andere nicht zu ernst zu nehmen. Sie hatte lange, dunkle Haare und erfüllte in jeder Hinsicht das Klischee des italienischen Temperaments, das unerwartet über einen hereinbrechen konnte. Lotta, ihre engste Freundin, war blond, mit stechend blauen Augen, die man auch unter Wasser hinter ihrer Maske leuchten sah. Gut gelaunt und immer gesprächsbereit, konnte sie ebenso aufbrausend sein wie Linda.

Zu diesem Zeitpunkt arbeitete ich für verschiedene Filmproduktionsfirmen in London und war Freiberuflerin, wie die meisten in der Branche. Auf die intensive Beschäftigung während eines Drehs, bei dem das ganze Team Tag und Nacht im Einsatz ist, folgte auch mal Leerlauf – ein Wechsel, den ich mochte, denn er gab mir die Freiheit, als Tauchlehrerin zu jobben, wenn gerade keine Produktion anstand. Von den Erlebnissen im SETT-Tank immer noch gefesselt, entschloss ich mich spontan, das Apnoetauchen weiterzuverfolgen, und machte mich für eine Woche auf den Weg zu Lotta und Linda ans Rote Meer, in den etwas nördlich von Sharm el Sheikh gelegenen Ort Dahab. Im Gegensatz zu Sharm, das in den Achtzigerjahren aus dem Nichts im Wüstensand entstanden war, gab es in Dahab schon immer eine Oase mit dort lebenden Beduinen. Später zog der kleine, von hohen Bergen und tiefen Wadis umgebene Ort Rucksackreisende, Aussteiger und Hippies an, die dort in billigen Unterkünften, sogenannten »Camps«, unterkamen und die Sonne des Sinai genossen. Trotz einiger Außenposten der üblichen Hotelketten hat sich Dahab das Gefühl von Boheme bis heute erhalten. Umgeben von staubigen, unbefestigten Straßen, auf denen Ziegen, Schafe und Kamele den Vorrang haben, wohnt man je nach Geldbeutel in einfachen Hütten, kleineren Hotels oder privaten Apartments. An der Promenade in der Lighthouse-Bucht reihen sich die Tauchbasen aneinander, daneben die Cafés, in denen man auf Teppichen und Kissen am Boden sitzt, Mango- oder Zitronensaft trinkt und den freien Internetzugang nutzt.

Seit einiger Zeit pilgerten die Freitaucher nach Dahab, angezogen vom »Blue Hole«, einem einzigartigen Tauchplatz. »Blue Holes« – blaue Löcher – gibt es an vielen Orten der Welt. Sie sind nahezu kreisrunde Einbrüche im Riff oder Fels von unterschiedlichster Größe und Tiefe. Das Blue Hole in Dahab liegt mitten in der Wüste am Golf von Akaba und hat einen Durchmesser von circa 60 Metern. Nur wenige Schritte vom Ufer entfernt, fällt es steil bis in knapp 90 Meter Tiefe ab. Zum offenen Meer hin hat es eine einzigartige Formation, die es weltberühmt gemacht hat: Der sogenannte »Arch«, auch Torbogen genannt, ist ein riesiger Durchbruch, der unter Wasser durch die Riffwand nach außen führt. Von 55 Metern Tiefe an öffnet er sich wie das Tor in einer überdimensionalen Kathedrale, deren Seitenwände ins Bodenlose verschwinden. Im Blue Hole, vor Wellen und Strömung geschützt, unter idealen Bedingungen zu trainieren und dabei in der Tiefe das bläuliche Leuchten des Torbogens zu sehen, ist ein Erlebnis, das ein Apnoetaucher nie vergisst.

In der familiären Atmosphäre Dahabs fand ich mit Lotta

und Linda die idealen Mentorinnen. Spaß und Freude an der geteilten Leidenschaft hielten sich die Balance mit ernsthaftem Lernen, denn um in diesem Sport sicher zu sein, braucht man die richtige Mischung aus Wissen und Können. Nach einer Woche Üben, in der ich ebenso lernte, mich mental und körperlich auf einen »tiefen« Tauchgang vorzubereiten wie einen Partner zu retten, und in der ich mir das Handwerkszeug eines Apnoetauchers aneignete, nahm mich Lotta für mein letztes Training mit zum Blue Hole. Dort angekommen, macht man es sich in den zwei offenen Stockwerken des Aqua Marina Restaurants bei Ali bequem, der die Freitaucher begrüßt und ihnen Hibiskustee serviert. Mit Blick auf das Meer bekam ich die letzten Anweisungen, bevor ich mir neben Touristen und Kamelen den Neoprenanzug anzog, um ins Wasser zu gehen, bepackt mit Flossen, Boje und dem langen Seil, das als Referenz für den Weg in die Tiefe dient und an dem man als Apnoetaucher gesichert ist.

Während ich mich vorbereitete, setzte Lotta für meinen letzten Versuch 34 Meter an. Die neue Zahl erzeugte eine Aufregung in mir, die sich nicht abschütteln ließ und die ich mit unter Wasser nahm. Ich musste mich zwingen, in den freien Fall überzugehen und mich dem Sog der Tiefe anzuvertrauen, doch irgendwann fand ich die nötige Ruhe. Die Markierungen zogen an meinen Augen vorbei, bis ich überraschend das Ende der Leine vor mir sah, beschwert mit einer Reihe Bleigewichte, die über dem bodenlosen Blau hingen. Lotta hatte mir das Versprechen abgenommen, das Seil nicht loszulassen, doch ich wollte keinen Zentimeter verschenken. Ich umklammerte das letzte Stück Blei mit der linken Hand und streckte mich so weit wie möglich nach unten.

Mit ausgebreiteten Armen verharrte ich, die Zeit gedehnt im Stillstand des Umkehrpunktes zwischen unten und oben, Wasser und Luft. »Einundzwanzig, zweiundzwanzig«, zählte ich im Kopf, denn die digitale Taucheruhr registrierte die Tiefe alle zwei Sekunden, ein Moment, der mir endlos lang schien und den ich dennoch ohne Angst ertragen wollte. Auf dem Weg nach oben ließ ich mich die letzten zehn Meter treiben, auf die Sonne und den ersten Atemzug zu, zurück zu Lotta, die auf dem Tauchcomputer nachsah: Er zeigte 36 Meter an. Ich bekam einen strengen Blick von ihr: »Du hast losgelassen und bist weitergetaucht!« Doch ich schwor, dass ich mich an ihre Anweisung gehalten hatte, schließlich hatte sie nie erwähnt, dass man nicht an den Fingerspitzen über der Tiefe hängen sollte. Noch heute schimpft sie darüber, wenn wir an diesen Tag zurückdenken.

Damals war es ungewöhnlich, einen Apnoekurs zu belegen. Die meisten Taucher probierten einfach herum und holten sich Anleitung aus der Szene. Man tauschte Ideen und Erfahrungen aus. Ich kenne viele Leute, die grundsätzlich alles alleine lernen möchten. Obwohl ich gerne eigene Wege gehe, suche ich mit Begeisterung nach hervorragendem Unterricht. Wenn ich etwas entdeckt habe, das ich unbedingt beherrschen will, bin ich ungeduldig. Ich möchte auf der Stelle alles wissen, die beste Technik erlernen und so schnell wie möglich vorwärtskommen. Vielleicht, weil ich schon lange selbst Ausbilderin bin, weiß ich, dass ein Lehrer meine Zeit als Anfängerin um ein Vielfaches verkürzt.

In Dahab fand ich zwei Mentorinnen mit der richtigen Mischung aus Spaß an Herausforderung, Respekt vor den Risiken und Liebe zum Meer. Nachdem sie mich gebührend lange strafend angesehen hatte, lachte Lotta, und wir feierten mein »pB« – meine persönliche Bestleistung – mit einem Bananenpfannkuchen bei Ali. Bevor ich abreiste, zurück in das wasser- und tiefenlose London, sagte sie zu mir: »Im Oktober tauchst du in unserem Wettkampf die deutschen Rekorde.«

»Vergiss es«, antwortete ich, »ich bin Trimix-Taucherin, kein Wettkampftyp, und die deutschen Rekorde sind viel zu tief für mich.«

»Du wirst schon sehen«, meinte sie, »im Oktober bist du hier.«

Zurück in England, machte ich mich daran, möglichst viel zu lernen, und setzte an den Wochenenden meine Ausbildung bei Emma fort mit dem Ziel, auch noch Apnoe-Tauchlehrerin zu werden. Da ich im Umgang mit Schülern im Wasser erfahren war, assistierte ich ihr bereits nach kurzer Zeit bei der Ausbildung. Beim Umziehen, während der Pausen und abends in der Kneipe drehten sich die meisten Fragen der Kursteilnehmer um zwei Dinge: Hast du schon einmal einen Hai gesehen? Und: Was passiert im Wettkampf? Was die Begegnung mit Meerestieren betraf, schöpfte ich aus meinem reichen Erfahrungsschatz, doch als zukünftige Apnoe-Tauchlehrerin würde ich ein wenig Wettkampferfahrung brauchen. Ohne lange zu überlegen, meldete ich mich für den »Salt Free Double Dip« an, ein kleines, für August geplantes Event im gefluteten Steinbruch Chepstow, der mit über 70 Metern Tiefe vor allem bei technischen Tauchern beliebt ist und in dem die Gruppe der »Salt Free«-Freitaucher eine Plattform fest installiert hatte, die sie als schwimmende Basis für Training und Wettkämpfe nutzten.

Bei aller Suche nach Herausforderungen war ich zu diesem Zeitpunkt nie ernsthaft im Wettkampfsport aktiv gewesen. Anders als viele erfolgreiche Apnoetaucher hatte ich keinen Hintergrund als Leistungsschwimmerin und nicht vor, über den Salt Free Double Dip hinaus an Wettkämpfen teilzunehmen. Stattdessen ging es mir allein darum, meinen Erfahrungshorizont ein wenig zu erweitern, ein Vorhaben, für das ich zumindest etwas üben wollte. Spontan nahm ich mir zwei Wochen frei und flog zurück nach Dahab.

Dort machte mich Lotta mit dem Dänen Peter Petersen bekannt, der einen Trainingspartner brauchte. Er war eine Größe im Apnoesport, denn er hatte den Weltrekord im Streckentauchen mit der Flosse aufgestellt und war als Erster 200 Meter weit unter Wasser geschwommen. Mit ihm zu trainieren schüchterte mich anfangs sehr ein, doch ich gewöhnte mich schnell an seine wortkarge Art und fasste Vertrauen zu ihm. Dass Weltrekordhalter und Neulinge sich wie selbstverständlich mischen, ist einer der schönsten Aspekte der Apnoeszene. Es ist nicht leicht, die Menschen zu finden, die einen auf dem Weg in das vollkommen Unbekannte begleiten. Den eigenen Weg zu gehen und sich gleichzeitig anzuvertrauen, ist eine feine Balance, die Mut erfordert. Mut dazu, etwas abzulehnen, was »alle machen«, genauso wie Mut dazu, anderen zu folgen, wenn die Situation stimmt. Peter gab mir nie das Gefühl, eine hilflose Anfängerin zu sein, und bot mir seine Hilfe und sein Wissen an, ohne mich zu bedrängen. Über die nächsten zwei Wochen erzeugte er für mich einen Raum von absoluter Sicherheit und schenkte mir damit die Freiheit, meine Grenzen uneingeschränkt zu verschieben.

In der Apnoeszene ist es üblich, sich auszutauschen und gegenseitig zu helfen. Regelmäßig saßen wir mit Roland, einem braun gebrannten Österreicher mit drahtigem Körperbau, in einem der Cafés und tranken frischen Zitronensaft, während er eine Wasserpfeife rauchte. Roland war ein erfahrener Taucher und Coach, mit dem Peter gerne sein Training besprach. Eines Tages setzte ich mich zu ihm, stocherte in meinem Obstsalat herum und berichtete von meinem vermasselten Tauchgang. Ich hatte versucht, zum ersten Mal 45 Meter zu erreichen, aber ein Fehler beim Druckausgleich zwang mich in 42 Meter umzudrehen. Auf dem Weg nach unten spüren alle Taucher den steigenden Wasserdruck auf den Ohren, Neben- und Stirnhöhlen. Man muss ihm entgegenwirken, indem man aktiv Luft in das Mittelohr und die Nebenhöhlen presst und so wieder ein Gleichgewicht zwischen außen und innen herstellt. Versäumt man das, würde irgendwann das Trommelfell reißen. Beim Apnoetauchen ist es besonders schwierig, da die Lunge ebenfalls zusammengedrückt wird und einem mit jedem Meter auf dem

Weg in die Tiefe weniger Luft für den Druckausgleich zur Verfügung steht. Macht man, wie ich an diesem Morgen, etwas falsch, muss man den Tauchgang abbrechen. Ich war enttäuscht, denn bis zu meiner Abreise blieben mir nur noch zwei Tage Zeit.

»Jetzt habe ich das Training komplett verschwendet«, beschwerte ich mich bei Roland, »mein Plan geht nicht mehr auf.«

»Das ist Unsinn, man lernt immer etwas«, antwortete er gelassen, eine Weisheit, die ich nicht hören wollte. »Wie sah der Plan denn aus?«

»Heute 45 Meter tauchen, morgen 48 und übermorgen 50«, erklärte ich ihm.

Roland sah mich einen Moment lang an und zog erst mal an seiner Wasserpfeife.

»Das ist kein Plan, das ist Wunschdenken«, sagte er, drehte sich um und unterhielt sich mit Peter über Monoflossentechnik. Ich trank meinen Zitronensaft und grübelte über mein Ego nach. Roland hatte einen Nerv getroffen. Rein auf mein Ziel fixiert, hatte der Gedanke »Ich muss 45 Meter erreichen, ich darf keinen Fehler machen« mir die Konzentration auf das genommen, was die 45 Meter ermöglicht hätte: den Druckausgleich.

Am nächsten Tag tauchte ich sauber und ohne Schwierigkeiten 45 Meter tief.

»Hattest du einen Plan?«, fragte Roland mich, als ich ihm am Abend begegnete.

»Ja«, sagte ich, »aber einen anderen.«

»Ah ja? Welchen denn?«

»Den Druckausgleich ein bisschen schneller zu machen«, antwortete ich.

»Das war ein Plan«, sagte Roland und grinste mich an.

Nur durch einen Satz in einem lockeren Gespräch hatte er ein Umdenken in mir bewirkt. Ich verbannte den Gedanken an die Meterzahl und schaffte damit Platz für Aufmerksamkeit auf das, was mich an mein Ziel brachte. Noch heute schlage ich mir manchmal im Geist selbst auf die Finger und erinnere mich an Roland, wenn ich merke, dass ich mich mit Wunschdenken beschäftige, statt einen klaren Plan zu verfolgen.

Wenn man mit viel Begeisterung etwas Neues lernt, trifft man dabei mit großer Wahrscheinlichkeit auf Menschen, die einem unerwartet weiterhelfen können. Für sie und ihre Anregungen offen zu sein, ist eins der Geheimnisse des dauerhaften Erfolges. Wie fast immer geht es um Balance: Jeden nach Rat zu fragen, wird ebenso wenig funktionieren, wie alles alleine zu lernen. Manche suchen überall nach Anleitung. Sie waren bei jedem Apnoe-Ausbilder, haben jedes Buch gelesen und jede Meinung eingeholt. Am Ende setzen sie die Vorschläge, die sie bekommen, meist nicht um, denn sie wünschen sich den magischen Trick, durch den über Nacht etwas funktionieren wird, was bisher unmöglich war. Auch wenn sie in allen Trainingsmethoden Experten sind, kommen sie nicht vom Fleck – denn Erfolg ist keine Zauberei. Die Bereitschaft, etwas zu verändern, muss jeder selbst mitbringen, ebenso wie die Geduld, Zeit in den Veränderungsprozess zu investieren. Roland hatte mir weder gesagt, wie aus seiner Sicht ein Plan ausgesehen hätte, noch hatte ich ihn danach gefragt. Er hatte mir allein einen Denkanstoß gegeben. Es war an mir, diesen Grundsatz auf meine Weise umzusetzen.

Als fertig ausgebildete Apnoetaucherin merkte ich schnell, dass es für mich von großer Wichtigkeit war, meinen eigenen Weg zu finden. Viele Ansätze und Techniken, die damals als feste Grundlagen galten, passten für mich, meinen Körper und meine Lebensumstände nicht. Fast alle, die diesen Sport ausübten, praktizierten zum Beispiel intensiv Yoga. Was für viele essenziell war, war für mich eine Qual, denn durch einen schief gewachsenen Rücken bin ich von Natur aus steif. Dehnübungen sind für mich wichtig, aber als Vorbereitung für einen Tauchgang eine zu große Belastung. Ich habe gelernt, mich in dieser Beziehung nicht den anderen anzuschließen. Trotzdem lehne ich Yoga nach wie vor nicht generell ab, sondern bin gewillt, immer wieder einmal eine andere Variante zu testen, um zu sehen, auf welchem Weg es für mich sinnvoll sein könnte.

Wenn man sich von etwas abhalten lässt, weil man von vornherein beschließt, dass es »nichts für einen ist«, macht man es sich zu einfach. Die meisten Aktivitäten enthalten eine riesige Bandbreite von Möglichkeiten. Ebenso wie man Yoga meditativ und sanft ausüben kann, kann es sportlich, dynamisch und anstrengend sein. Freitauchen kann man, um an seine Grenzen zu gehen und sich in der Tiefe seinen Ängsten zu stellen, oder um im Innehalten zwischen Atemzügen die ultimative Entspannung von Körper und Geist zu erleben. Offen zu sein für die Vielfalt, die einem im Leben begegnet, ist eine Stärke, über die man vorwärtskommt – und sei es nur, um herauszufinden, dass etwas nicht zu einem passt.

Dass mich außer Yoga auch die damals sehr übliche Meditation vor dem Apnoetauchen verrückt machte, bemerkte ich, als ich mit steigender Nervosität im Bauch auf der Plattform des »Salt Free Double Dip«-Events saß und auf meinen ersten Wettkampftauchgang wartete. Zum ersten Mal erlebte ich den grauenvollen Ausnahmezustand, in den mich Wettkampfsituationen bis heute versetzen. Ich hielt meine Augen geschlossen und wollte mir zur Entspannung einen schönen Ort vorstellen. Dabei spürte ich, wie mein Puls immer weiter anstieg. Je mehr ich versuchte, mich in eine meditative Stimmung zu versetzen, desto weniger gelang es mir. Als ich mich endlich am Seil eingehakt hatte und heruntergezählt wurde, befand ich mich in einem Zustand von maximalem Stress. Ohne Flossen wollte ich 28 Meter tief tauchen, zum ersten Mal in meinem Leben. Ich hörte den Countdown. Er ist immer gleich, von zwei Minuten an, bis es heißt: »... fünf, vier, drei, zwei, eins, official top.« »Top« steht für »time of performance«, die offizielle Startzeit, die jeder Athlet nach einer Liste zugeteilt bekommt. Danach bleiben einem 30 Sekunden Zeit, in denen man abtauchen muss.

An der Oberfläche des eisigen Steinbruchs holte ich tief Luft und startete zu meinem ersten Wettkampfversuch, der sich im Handumdrehen in einen der schrecklichsten Tauchgänge meiner Apnoekarriere verwandelte. Nach vergeblicher Meditation in einem Zustand von intensivem Herzrasen angekommen, kämpfte ich schon auf den ersten Metern so sehr mit dem Wasser, dass ich enorm viel Energie verbrauchte. Ungläubig sahen mir Schiedsrichter und Sicherheitstaucher dabei zu, wie ich mich mit reinem Starrsinn mühsam bis in sieben Meter vorarbeitete. Dort verschwand ich zum Glück aus ihrem Blickfeld, sodass keiner mitbekam, wie ich zusammenzuckte, als mich der Atemreiz mit der ersten heftigen Zwerchfellkontraktion überfiel.

»Oh mein Gott«, dachte ich, »das überlebst du nicht!« Ich überlegte, ob es besser wäre, umzukehren, aber inzwischen war ich im freien Fall, es konnte ja nicht mehr weit sein, bestimmt würde es gehen, irgendwie. Noch während ich mit mir selbst diskutierte – Wer hat sich diesen Unsinn ausgedacht? Am besten, du drehst jetzt um. Nein, mach weiter, du bist stark genug –, tauchte die Scheibe am Ende des Seils auf. In Apnoewettkämpfen wird sie exakt auf die Tiefe gelassen, die der Taucher erreichen will. An ihr sind Marken, die sogenannten »Tags«, befestigt, von denen man eine mit nach oben bringen muss. Heutzutage sind sie aus Klett, man trägt das Gegenstück am Körper, sodass man sie leicht festmachen kann und die Hände frei hat.

Als ich im sechs Grad kalten Wasser in Chepstow die Scheibe erreichte, waren die Marken aus Holz und mit einem Gummiband versehen, das man übers Handgelenk streifen musste, eine Prozedur, während der ich weiter sank, zwei zusätzliche Meter, die ich wirklich nicht gebrauchen konnte. Beim Tieftauchen ohne Flossen schwimmt man im Brustschwimmstil hinunter und wieder herauf. In der Theorie kein Problem, in der Praxis eine große Herausforderung für mich und meine schlechte Schwimmtechnik, mit der ich mich mit jedem Zug mühsam 30 Zentimeter nach oben hievte, nur um kurz darauf wieder zehn zurück in die Tiefe zu fallen. Ich bewegte mich kaum vom Fleck. Im diffusen, dunkelgrünen Licht des Steinbruchs verlor ich jedes Gefühl dafür, wie weit ich gekommen war, in meinem Kopf wechselte »Du schaffst das nie, niemals schaffst du das, nie« mit »schwimmen, einfach schwimmen« im Sekundentakt.

Mit müden Armen arbeitete ich mich weiter voran und wunderte mich, wieso ich noch immer kein Tageslicht sehen konnte. Schon lange glaubte ich nicht mehr daran, es zu schaffen, als ich endlich spürte, wie ich Auftrieb bekam und wenig später die Oberfläche durchbrach. Dort angekommen, sog ich die rettende Luft ein, gab das laut Wettkampfregeln geforderte Okay-Zeichen, rief: »I am O. K.!«, und lächelte erleichtert. Später sagte einer der Schiedsrichter zu mir: »Wahnsinn, das war offensichtlich total leicht für dich!« Als ich ihm entgeistert erklärte, dass ich nicht vorhatte, so etwas Entsetzliches jemals wieder zu erleben, antwortete er erstaunt: »Aber du hast so gestrahlt!«

Er hatte recht. Mein fassungsloses Grinsen war jedoch der Tatsache geschuldet, dass ich den fürchterlichen Tauchgang überstanden hatte.

Am nächsten Tag schwamm ich in der Disziplin »Tieftauchen mit Flossen« 43 Meter weit hinunter und beendete damit den kleinen Wettkampf als eine der besten Apnoetaucherinnen Deutschlands. Ich lernte, mich nicht mit Meditationsversuchen verrückt zu machen, und qualifizierte mich für die Tiefen-WM, die im November in Sharm el Sheikh stattfinden sollte, ohne dabei zu ahnen, dass ich den ersten Schritt zu einer langfristigen Wettkampflaufbahn gemacht hatte.

Im nächsten Kapitel möchte ich davon erzählen, wie ich mich als körperlich für das Apnoetauchen kaum geeignete Anfängerin in der internationalen Szene durchschlug. Doch bevor Sie weiterlesen, erstellen Sie die Liste der Dinge, die Sie immer schon machen oder erleben wollten, die kleinen wie die großen. Nehmen Sie sich eine Stunde Zeit. Dann suchen Sie sich etwas davon aus. Machen Sie einen kleinen ersten Schritt. Einfach so. Wenn Sie mir später, irgendwann, schreiben und mich wissen lassen, was daraus geworden ist, würde ich mich darüber freuen. Sie erreichen mich über annavonboetticher.com.

KAPITEL 3:
NO LIMITS

Entdecken ohne Grenzen

»Ich könnte das niemals – dafür bin ich zu alt.«

»Das könnte ich nie! Ich bin nicht der sportliche Typ.«

»Nie könnte ich das machen – ich habe zu wenig Zeit!«

Wie oft habe ich diese Kommentare gehört. In unserer Vorstellung – auch in meiner – ist der erfolgreiche Apnoetaucher ein Superheld mit überdimensional großer Lunge, der sich von grünem Tee ernährt. Er ist Leistungsschwimmer von olympischem Niveau und vor allem ein Verrückter. Der ultimative Adrenalinjunkie. Angstlos, ist er körperlich und geistig eine Ausnahme. Eine irre Laune der Natur.

»Wenn ich es kann, dann kann es jeder«, lautet meine Antwort, wenn Leute mir erklären, warum sie niemals in der Lage wären, wie ich ohne Atem zu sein, denn ich bin in fast jeder Beziehung ungeeignet für meinen Sport. Einmal wurde ich einen ganzen Tag lang in einer Klinik von Station zu Station gereicht, während die Ärzte unterschiedlicher Fachbereiche alle möglichen Tests durchführten, um den Apnoe-Freak zu studieren. Ganz am Ende kamen wir zur Abteilung Lungenfunktion, wo man mich mit großer Erwartung empfing.

Kräftig atmete ich in die kleine Röhre aus. »Weiter, weiter, weiter«, rief mir der Mediziner zu, doch ich war fertig. Mit einem Stirnrunzeln betrachtete er die Ergebnisse auf seinem Bildschirm. »Bitte noch einmal«, sagte er, »und diesmal wirklich tief Luft holen und alles rausatmen.« Innerlich musste ich schmunzeln, denn ich wusste, wir würden auf dasselbe Ergebnis kommen. »Hmm«, sagte er schließlich. »Das ist aber nicht sehr gut.« Er versuchte vorsichtig auszudrücken, was mir bereits bekannt war: Mein Lungenvolumen ist um circa 20–25 Prozent zu klein. Ich habe nur 75 Prozent der Luft, die meiner Körpergröße zur Verfügung stehen sollte. Und nun? Dem Arzt in der Uniklinik konnte ich das Fragezeichen im Kopf ansehen. Ich zuckte mit den Schultern. »Ich weiß, ist nicht super«, sagte ich. »Aber es geht ja trotzdem!«

Wir sind zu alt, zu jung, zu ängstlich, zu unfit. Wir haben nicht genug geschlafen oder die falsche Hose an. Die meisten von uns sind Experten darin, uns selbst zu limitieren, bevor wir überhaupt angefangen haben. Die Liste der Gründe, mit denen wir uns dafür rechtfertigen, den ersten Schritt nicht zu machen, ist endlos. Es ist faszinierend, wie viel leichter es uns fällt, Energie in Gegenargumente zu investieren, als einen Schritt ins Ungewisse zu gehen. Nehmen wir mal an, wir werden mit etwas Neuem konfrontiert. Wenn wir, anstatt uns sofort zu denken: »Das ist nichts für mich«, mit Neugierde und Interesse an die Sache herangehen und uns fragen: »Wie würde sich das anfühlen? Wie viel könnte ich wohl?«, stehen wir vor einer offenen Tür.

No Limits, die tiefste Disziplin im Apnoesport, in der es um das ultimative Erkunden der Möglichkeiten des Menschen in der Tiefe geht, trägt diesen Ansatz bereits in ihrem Namen. Auf Weltrekordniveau ist diese Art und Weise zu tauchen extrem, doch in geringerem Ausmaß für jeden Apnoetaucher erlebbar, so wie viele Dinge, die wir ablehnen, in Wahrheit machbar sind. Jeder von uns hat seine persönlichen Grenzen, und jeder kann für sich beschließen, wie weit er sich von ihnen bestimmen lässt. Wenn ich vom Apnoetauchen erzähle, möchte ich daher nicht nur von den reinen Spitzen des Sports sprechen. Denken Sie daran: Wir alle können den Atem aussetzen, und wir alle können mehr, als wir für möglich halten.

Als ich mich in das Abenteuer Freitauchen stürzte wie ein Basejumper, der sich von der Klippe wirft, startete ich von einem denkbar ungünstigen Punkt, denn ich war ein paar Jahre zuvor überraschend krank geworden. Ein Leben lang sportlich, schlank, ausgeglichen und voller Energie, fühlte ich mich plötzlich dauerhaft so müde, dass ich mich nur wenige Stunden am Tag wach halten konnte. Mir fehlte jede Kraft – selbst die Treppe zu meiner Wohnung im vierten Stock war eine kaum überwindbare Hürde. Entsetzt über diesen Zustand, versuchte ich, mich zum Sport zu schleppen, nur um mit heftigen Muskel- und Gliederschmerzen erschöpft ins Bett zu fallen und vierzehn Stunden lang zu schlafen.

Ständig war mir schwindelig, und zeitweise überfielen mich so starke Sehstörungen, dass ich beim Autofahren anhielt und wartete, bis es vorüber war. Nach einem Jahr diagnostizierte der neunte Arzt eine weitverbreitete Autoimmunkrankheit, mit der ich mich weitere drei Jahre später trotz Behandlung fast unverändert quälte. Mit sinkendem Herzen wachte ich am ersten Januar 2007 auf, das frische Jahr vor mir, ein Morgen, den ich bisher immer mit einem Gefühl von Spannung begrüßt hatte. Diesmal schien mir das Leben gedämpft. Ich hatte endgültig die Hoffnung verloren, mich jemals wieder gesund zu fühlen.

Als besonders belastend empfand ich den Verlust meiner Liebe zur körperlichen Anstrengung. Nach wie vor ging ich regelmäßig ins Fitnessstudio und zum Laufen, aber ich brauchte für jede Stunde Bewegung enorme Willenskraft. Wer Sport treibt, kennt die Tage, an denen es Überwindung kostet, vom Sofa aufzustehen. Doch sobald man das Haus verlassen hat, ist man froh, unterwegs zu sein. Der Regen, der einem den ganzen Tag schon die Laune verdarb, stört nicht mehr, man sieht die Leute, die sich mürrisch unter Schirmen ducken, und läuft mit beschwingtem Schritt an ihnen vorbei, froh, draußen zu sein und seinen Körper zu spüren, befreit von den kleinen Dingen des Lebens.

Seit meiner Erkrankung hatte sich das drastisch geändert.

Egal, mit welcher Art von Sport oder sanfter Aktivität ich es versuchte, ich empfand jede Minute als eine einzige, andauernde Qual. Nie stellte sich dabei ein Gefühl von Zufriedenheit ein, weder körperlich noch emotional, ein Zustand, der mich zutiefst deprimierte.

Nach Jahren ohne Besserung wusste ich in der Winterstimmung des ersten Januar 2007, dass es zwecklos war, darauf zu hoffen, meine frühere Leistungsfähigkeit eines Tages wiederzuerlangen. Diese Realität zu akzeptieren, fiel mir schwer. Der Ausblick in eine Zukunft, in der ich mich für immer als körperlich eingeschränkt empfinden würde, wirkte so düster wie das Wetter vor dem Fenster. Doch irgendwann, gegen Abend, änderten sich meine Gedanken: Statt nur um den Verlust der Person zu trauern, die ich nie mehr sein würde, fing ich an, im Rahmen meiner aktuellen Möglichkeiten, Ideen für die nächsten zwölf Monate zu sammeln. Mein Gesundheitszustand hatte sich drastisch verändert, doch meine natürliche Sehnsucht danach, Neues zu erleben, war unverändert groß. Wenn ich mich von lange gehegten Träumen verabschieden musste, würde ich eben andere finden. Die nächsten Tage verbrachte ich damit, Pläne zu schmieden.

Ich konzentrierte mich auf Aktivitäten, die in meinem aktuellen Zustand realistisch waren. Trekking im Himalaja flog von der Liste, aber das Trimix-Tauchen rutschte wieder nach ganz oben, da es mir auch ohne zu große körperliche Anstrengung viel Potenzial zur Herausforderung bieten würde. Als ich wenig später das Apnoetauchen entdeckte, fragte ich mich weder, ob mich meine Krankheit und die zu kleine Lunge einschränken, noch wie weit ich in dem Sport kommen würde. Mich interessierte allein, wo, wie und wann sich die neue Erfahrung machen ließe. Es war mir gleich, ob ich erfolgreich sein würde, denn ich wusste, ich würde etwas Neues erleben.

Durch den Erfolg in Chepstow bekam ich überraschend die Möglichkeit, an der Apnoe-WM teilzunehmen, ein Gedanke, der für einen Anfänger wie mich durchaus erschreckend war und der mich mit einer Mischung aus Vorfreude und Panik erfüllte. Trotz der berechtigten Sorge, mich dort gehörig zu blamieren, zögerte ich keinen Moment zuzusagen, denn um nichts in der Welt würde ich die Chance aufgeben, einmal im Leben zu einer Weltmeisterschaft zu fahren. Ganz gleich, ob ich dafür bereit oder geeignet war. Ich sah allein die einzigartige Erfahrung, die dort auf mich warten würde.

Aus diesem Entschluss entstand für mich eine der größten Veränderungen im Umgang mit der Krankheit. Über die Anmeldung zur WM gewann ich neue Motivation. Sie war so groß, dass sie die Qual, die ich nach wie vor beim Sport empfand, überlagerte und mein Unterbewusstsein sich wieder daran gewöhnte, körperliche Anstrengung mit Begeisterung aufzunehmen. Nach wie vor musste ich mit meiner Energie vorsichtig haushalten und oft zurückstecken. Doch wenn ich durch den feinen Dunst eines Londoner Regentages in meinem persönlichen Schneckentempo am Ufer der Themse entlanglief und dabei den Ruderern zusah, die mit ihren schmalen Booten wie weiße Pfeile durch das unruhige Wasser schossen, war ich dabei endlich wieder glücklich.

Heute weiß ich: Mein Heilungsprozess begann in dem Augenblick, in dem ich beschloss, im Rahmen meiner aktuellen Grenzen Dinge anzugehen, die mich herausfordern, anregen und begeistern würden. Ich war bereit für die Entdeckung des Apnoesportes. Als diese neue Welt von Naturerlebnis gepaart mit mentalen und körperlichen Anforderungen sich mir öffnete, warf ich mich mit meinem ganzen Wesen hinein. Gerade als ich im Begriff war, aufzugeben und den Ärzten zu glauben, die mir sagten, ich sei schließlich »nicht mehr die Jüngste«, dass zwölf Kilo mehr auf den Rippen »normal in meinem Alter« wären und ich eben akzeptieren müsste, schwach und müde zu sein, veränderte sich mit meiner eigenen Denk- und Herangehensweise alles. Im Wasser fand ich mein Wesen wieder und mit ihm die Überzeugung, dass sich meine Situation entgegen allen Prognosen verbessern würde. Mit der Rückkehr meiner inneren Stärke wurde nach und nach auch meine äußere Verwandlung wieder möglich und meine Hoffnung auf ein volles Leben zur Realität.

Bis heute kommt mir meine Autoimmunkrankheit mit Schüben in den ungünstigsten Momenten in die Quere. Ich muss sie vorsichtig handhaben und weiß, dass ich mehr Pausen brauche als andere und genauer auf Anzeichen von Überlastung durch zu viel Training achten muss. Ich habe gelernt, rechtzeitig auf die schlechten Phasen zu reagieren und damit meinen Zustand selbst zu beeinflussen. Trotz allem bin ich heute körperlich fitter, leistungsfähiger, belastbarer und stärker als je zuvor. Ich bin überzeugt davon, dass ich ohne die Mischung aus Leidenschaft, Herausforderung und mentaler Ruhe, die ich im Apnoetauchen fand, die Krankheit nie in diesem Maße in den Griff bekommen hätte.

Es wäre verständlich gewesen, mich von Gedanken wie »Das ist sicher zu viel für mich«, »Meine Lunge ist zu klein« und »Ich bin kein Wettkampftyp« zurückhalten zu lassen, als ich vor der Teilnahme an einer WM stand. Doch für mich zählte, einfach diese Erfahrung zu machen. Ich hatte nur eine Frage im Kopf: Wie werde ich in der kurzen Zeit in meinem Rahmen möglichst gut?

Da die Tiefen-WM für Anfang November 2007 in Sharm el Sheikh geplant war, hatten Lotta und Linda den kleinen Wettkampf Triple Depth, den sie jedes Jahr organisierten, auf Mitte Oktober gelegt. Die ideale Generalprobe, bevor es ernst wurde. Ich machte mich mit langen Flossen, Apnoeanzügen, Taucherbrillen, Blei und jeder Menge Bikinis im Gepäck auf den Weg. In Dahab wohnte ich bei der britischen Freitaucherin Sara Campbell, die schon seit einer Weile dort lebte und trainierte. Ich kam in ihrem brütend warmen Haus im Beduinendorf Assala unter, das mit seinen sandigen, unbefestigten Straßen und den Horden spielender Kinder eine Ursprünglichkeit hatte, in der ich mich sofort zu Hause fühlte. Wir verfütterten unsere Küchenabfälle an die Ziegen, die draußen herumstreunten, und radelten täglich mit verrosteten Rädern zum Gemüseladen, wo der Salat in Haufen auf einer Matte lag und wir Gurken, Tomaten, Paprika und die murmelgroßen Zitronen kauften, mit denen wir den Unmengen Wasser, die man bei 48 Grad im Schatten braucht, ein wenig Geschmack verliehen.

Sara und ich verließen uns aufeinander und lachten herzlich und viel. Wenn das Training gut lief, feierten wir unsere Erfolge mit einem Bier, das wir uns teilten, und wenn wir Rückschläge einstecken mussten, überlegten wir gemeinsam, wie wir die Hürden überwinden würden. Die Gruppe der Freitaucher, die in Dahab trainierte, wuchs stetig – immer mehr kamen, um die idealen Bedingungen zu nutzen und sich auf die WM vorzubereiten.

Zum ersten Mal spürte ich die angespannte Energie, die in der Luft liegt, wenn so viele Menschen an einem Ort versuchen, ihre Grenzen zu verschieben und sich zu testen. Nicht alle sind dabei vorsichtig, und nicht jeder ist in der Lage, Schwierigkeiten gut gelaunt wegzustecken. Einige agieren ständig am Limit, andere sind extrem auf Wettstreit gepolt und versuchen immer nur herauszufinden, wie sie im Leistungsspektrum dastehen. Alle drängeln sich um die besten Plätze bei Ali und die ideale Position im Wasser. Es ist eine intensive Zeit.

Sara und ich brauchten eine ruhigere Atmosphäre und verlegten unser Training auf den Tagesanbruch. Wir kamen am Blue Hole an, bevor Ali und die anderen Cafébesitzer eingetroffen waren, zogen uns ohne Verzögerung um und gingen in das still daliegende Wasser. So früh am Morgen stand die Sonne schräg, das Meer hatte ein tieferes, dunkleres Blau. Wortkarg trainierten wir fokussiert, schnell und ohne zu zögern. Ein idealer Ablauf, denn im Hinblick auf den näher rückenden

Wettkampf war es wichtig, alles Unnötige drum herum loszulassen.

Wenn wir nach ein paar Stunden aus dem Wasser kamen und in Handtücher gewickelt mit einem Becher Hibiskustee bei Ali saßen, trafen in Wolken aus Wüstenstaub verbeulte, rostige Jeeps und Pick-ups ein. Freitaucher sprangen herunter, luden ihre Bojen und Gewichte aus, diskutierten darüber, wer sich wo am Riff platzieren würde, und füllten nach und nach das Café ebenso wie das Blue Hole. Ich liebte diese Zeit – Sara und ich waren gelöst und in bester Stimmung, denn wir hatten unsere Arbeit bereits erledigt. Wir spürten die Anspannung der anderen. Befreit tauschten wir uns mit ihnen aus und genossen die Gemeinschaft, ohne uns vom allgemeinen Stress anstecken zu lassen.

Nach einer Weile kamen auch andere auf die Idee, frühmorgens zu trainieren, sodass wir uns auf unserer kleinen Insel der Ruhe gestört fühlten. Obwohl es ungünstig ist, den ganzen Tag auf das Training zu warten, verschoben wir es auf den späten Nachmittag, denn uns beiden war es wichtig, dem Trubel zu entgehen. Wir fuhren erst um 16 Uhr heraus und trafen am Blue Hole ein, wenn alle längst weg waren und nur Ali mit seiner Crew die letzten Touristen bediente. Ende Oktober geht die Sonne im Sinai früh unter. Im goldenen Licht des Abends forderten Sara und ich uns heraus und genossen das Meer, dem wir unsere besten Tauchgänge abtrotzten. Wenn wir aus dem Wasser kamen, wurde es innerhalb von Minuten absolut dunkel, denn am Blue Hole gibt es keine Elektrizität und außer den Sternen am Wüstenhimmel keine Beleuchtung. Ali zündete Kerzen an und kochte einen letzten Tee, während wir unsere Haare trockneten und die Ausrüstung einsammelten.

In dieser Zeit fand ich einen neuen Rhythmus, im Sport ebenso wie im Meer. Ich spürte, wie viel ich leisten konnte, und lernte, meinen eigenen Weg zu suchen. Ich akzeptierte, dass ich mehr Ruhe brauchte als andere, und sah gleichzeitig, dass ich in der Lage war, große Tiefen ungewöhnlich schnell zu erreichen. Meinen persönlichen Hindernissen setzte ich mentale Stärke entgegen, denn unter Wasser hatte ich niemals Angst. Ich hatte großen Respekt vor meinen Grenzen und den potenziellen Gefahren, aber dank meiner Erfahrung im Tauchen auch das Vertrauen, mit jeder Situation umgehen zu können.

Ich erlaubte mir selbst, mich ohne Grenzen fallen zu lassen, und traf in der Tiefe des Meeres auf neue Tiefe in mir, denn dort entwickelte ich die Fähigkeit, mit meiner Krankheit umzugehen. Es gelang mir, den Menschen zu akzeptieren, der ich in diesem Moment war. Dabei lernte ich, dass ich meine neue Realität annehmen, aber mich nicht mit meinem Zustand abfinden musste. Ich entdeckte, dass ich mithilfe meines Geistes in der Lage war, körperlich Ungeahntes zu leisten. Sich mit einer klein geratenen Lunge und von einer Autoimmunkrankheit körperlich eingeschränkt zu einer WM in einem Extremsport anzumelden, hätte unmöglich scheinen sollen. Doch im Unmöglichen fand ich eine lebensbejahende Chance, die mich bis heute begleitet.

Am Morgen des 22. Oktober 2007 trieb ich im Blue Hole, aufgeregter als je zuvor in meinem Leben. Es war der erste Tag des Triple-Depth-Wettkampfes. Die Prognose von Lotta und Linda hatte sich bewahrheitet: Ich war hier, und ich wollte versuchen, einen deutschen Rekord im Apnoetauchen zu brechen. Auf dem Plan stand die Disziplin »Free Immersion«, in der der Taucher keine Flossen trägt und sich aus eigener Kraft am Führungsseil herunter- und wieder zurück zur Oberfläche zieht. In Apnoewettkämpfen muss man sich am Tag vorher auf eine Tiefe festlegen. Man wirft einen Zettel in eine Box und wartet anschließend gespannt darauf, über die Startliste zu erfahren, was die anderen vorhaben. Die Kunst ist, sich selbst einzuschätzen, denn wer vorher umdreht, wird mit Punktabzug bestraft. Ich hatte mir 50 Meter vorgenommen, um den bestehenden Rekord von 45 Metern zu überbieten.

Am Morgen des Wettkampfes wusste ich nicht mehr, ob ich dazu in der Lage sein würde. Ich fühlte mich, als wäre mein gesamtes Können ausgelöscht, von meiner Nervosität verschüttet. »Hier hast du über Wochen trainiert«, sagte ich zu mir, »es ist alles wie immer.« Doch es half nicht, denn alles war anders. Über der tiefsten Stelle, direkt vor dem großen Durchbruch im Riff gelegen, war eine schwimmende Pyramide aus Stahlrohren installiert, von deren Mitte das Seil in die Tiefe führte. Auf Plattformen an den Seiten saßen Schiedsrichter, ein Kameramann, Helfer, die das Seil setzten, und Wissenschaftler, die an den Tauchern medizinische Studien durchführten. An den Rändern der Pyramide paddelten Zuschauer herum, die mit Maske und Schnorchel die Tauchgänge verfolgten. Spürbar vibrierte die Anspannung in der Luft des heißen Tages. Es standen Weltrekorde auf dem Programm, denn die besten Athleten waren hier, um sich gegenseitig abzuschätzen, bevor es auf der großen Bühne der Weltmeisterschaft ums Ganze ging. Als Anfänger spürte ich zum ersten Mal die intensive, unruhige Stimmung, die bei so einem Event in der Luft liegt und der man sich nur schwer entziehen kann.

Mit dem Countdown rasten die letzten Zweifel durch meinen Kopf. »Wieso habe ich 50 Meter angesagt? Wessen dumme Idee war das? Ich bin doch kein Wettkampftyp! Was habe ich mir dabei gedacht!« Zehn Sekunden vor dem Start kam endlich der richtige Gedanke: »Was ist mein Plan?«

Der Plan hieß: sauber Druckausgleich machen. Ein letztes Mal holte ich tief Luft, jetzt ist es eh zu spät, dachte ich und war unter Wasser. Auf den ersten Metern fühlte ich mich holprig, das Gleiten eines flüssigen Tauchgangs, es fehlte. Getrieben vom Wunsch, unten anzukommen, fand ich keine Ruhe. Dann löste sich mein Blick einen Moment lang vom Seil, ich sah das Riff vor mir, jeder Vorsprung ein Freund. Das übliche Gewimmel der kleinen Goldfische schwebte wie ein Teppich über den Korallen, die Sonnenstrahlen ließen sie im klaren Wasser leuchten. Die Anspannung der Wettkampfatmosphäre fiel von mir ab. Hier unten war das Blue Hole wie immer, nichts hatte sich geändert. Ich schloss die Augen und dachte an den Plan: Druckausgleich.

Im freien Fall spürte ich zum ersten Mal den Flow eines Wettkampftauchgangs. Alles in mir war auf das Ziel ausgerichtet, mit jeder Faser wusste ich, dass ich es schaffen würde. Ich verlor mein Zeitgefühl in der intensiven Konzentration, verlor mich auf dem Weg in die Tiefe. Als ich die Klebebandmarkierung der letzten zwei Meter unter den Fingern fühlte, war mir klar: Der schwierigste Teil ist überwunden. Ich riss die Marke ab und drehte mich um, bereit für den Rückweg, als mir das Blue Hole ein Bild von unvergleichlicher Schönheit schenkte. Schräg unter mir fiel ein hellblauer Schimmer durch den Durchbruch im Riff. Im Gegenlicht breitete sich das riesige Tor zum offenen Meer vor mir aus. Überwältigt von diesem Anblick, vergaß ich einen Augenblick lang alles und verharrte in der blauen Kathedrale, bis mir der Tauchgang wieder einfiel. »Mist, der Rekord«, schoss mir durch den Kopf, und ich begann, mich zügig nach oben zu ziehen. Den Applaus von Schiedsrichtern, Sicherheitstauchern und Publikum nahm ich nur am Rand wahr. Wenn ich an diesen Moment zurückdenke, ist in meinem Gedächtnis der Jubel kaum greifbar, denn er wird vom Licht der Tiefe überstrahlt, das meinen ersten großen Wettkampferfolg für immer mit der Erinnerung an reines Staunen verknüpft.

An den nächsten beiden Tagen setzte sich meine Erfolgssträhne fort: Auch im Tieftauchen mit Flossen und im Tieftauchen ohne Flossen holte ich mir mit 52 und 35 Metern die deutschen Rekorde. Außerdem fieberte ich für Sara mit, denn sie brach die Weltrekorde in allen drei Wettkampfdisziplinen, ein unerhörter Erfolg, der sie über Nacht zu den Großen der Apnoeszene katapultierte.

Es war faszinierend, die Profis zu beobachten und zu sehen, wie unterschiedlich sie arbeiteten. Während der fast zwei Meter große Dave Mullins aus Neuseeland scheinbar ohne Kraftaufwand mit großer Geschwindigkeit in die Tiefe glitt, arbeitete sich der Österreicher Herbert Nitsch langsam herunter, am Punkt des freien Falls schien er fast stillzustehen. Zurück an der Oberfläche, sah er aus, als wäre er nie weg gewesen, keine Spur von Anstrengung stand ihm im Gesicht. Beide reizten die maximale Tiefe des Blue Hole aus und tauchten 90 Meter, als wäre es nichts.

Ein Umfeld, in dem andere vor unseren Augen scheinbar Unmögliches bewältigen, beeinflusst uns unweigerlich. Wie wir darauf reagieren, ist essenziell. Wir können uns damit beschäftigen, wohl selbst niemals zu etwas Ähnlichem in der Lage zu sein – eine Überzeugung, die uns von neuen Möglichkeiten abgrenzt. Von diesem Standpunkt aus wäre es sinnlos, uns an dieser Herausforderung zu versuchen. Oder aber wir erleben vor allem die Überraschung über das, was machbar ist, und fragen uns, was wir in unserem persönlichen Rahmen erreichen könnten. Wenn man so denkt, sieht man hinter der unvorstellbaren Leistung des anderen keinen Superhelden, sondern den Menschen und die Arbeit, die er in seinen Weg investiert. Man begegnet ihm mit dem Eindruck, dass auch für einen selbst vieles offen ist – eine Einstellung, die die Chance für Wachstum in sich birgt.

Häufig habe ich beobachtet, dass Menschen schnell dazu neigen, zu sagen: Das könnte ich nie. Wie alle stoße auch ich auf Situationen, in denen ich mir den Glauben daran, dass ich es schaffen kann, mühsam erhalten muss. Beim Snowboardfahren geriet ich vor einigen Jahren an Jörg Egli, einen Schweizer, der früher Rennen fuhr und seit über zwanzig Jahren mit seiner Gruppe »Pure Boarding« eine eigene Fahrtechnik entwickelt. Jörg ist ein wahrer Snowboardpionier und ein begnadeter

Lehrer. Er unterrichtet Carven, das Fahren im alpinen Stil mit extremen Schräglagen. Wer bereit ist, sich ihm auszusetzen und trotz jahrelanger Erfahrung wie ein Anfänger dazustehen, erlebt einen enormen Leistungssprung.

Als ich auf Jörg stieß, machte ich mich mit Schimpfen, blauen Flecken, viel Frust und ebenso viel Eifer daran, alles von vorne zu lernen. In der Mitte der Saison gab es eine finstere Zeit, in der ich in meinem alten Stil nicht mehr fahren konnte, den neuen aber noch nicht beherrschte. Ich fühlte mich hölzern und unsicher und verfluchte wahlweise das Board, den Lehrer, die Piste und vor allem mich selbst und kämpfte darum, mich nicht entmutigen zu lassen. Dabei ging es um die Grenzen im Kopf, die ich mir setzen oder von denen ich mich befreien konnte. In den spektakulären Skigebieten der Dolomiten heftete ich mich stunden- und tagelang fest an die Fersen der Pure-Boarding-Lehrer, denn nichts würde mich davon abhalten, endlich den neuen Fahrstil zu verinnerlichen.

Am Ende der Woche flog ich auf einer steilen, mit bläulichem Eis schimmernden Abfahrt zum ersten Mal horizontal über dem Boden liegend dem Tal entgegen und wusste: Das ist es. Ich kann es auch. Es kam darauf an, nicht zu akzeptieren, dass ich etwas nicht lernen könnte. Um vorwärtszukommen, musste ich bereit sein, erst einmal rückwärtszugehen, und durfte trotz allem nicht den Glauben an mein Potenzial verlieren. Auch wenn es mir durchaus nicht leichtfiel – ich hielt an meiner Zuversicht fest, vertraute den Lehrern und machte am Ende den ersehnten Sprung nach vorne. Dabei habe ich für das Snowboardfahren ebenso wenig ein besonderes Talent wie für das Apnoetauchen. Jeder von uns hat die Möglichkeit, so seine Erlebnisse zu beeinflussen. Außer dem Willen, sie umzusetzen, kostet sie nichts.

Unter den Stars der Szene, die sich für die WM in Ägypten versammelt hatten, war auch William Winram, ein Kanadier, der damals mit dem Neuseeländer William Trubridge die Weltspitze im Tieftauchen ohne Flossen besetzte. »No fins« ist vielleicht die purste Art des Tauchens. Frei von Equipment schwimmt man in die Tiefe und verlässt sich nur auf seinen Körper. Mehr als in den anderen Disziplinen hängt dabei der Erfolg von guter Technik ab. William Winram war Leistungsschwimmer, Surfer und erfahrener Harpunenfischer, der viel Zeit im Wasser verbrachte. Groß und von Natur aus kraftvoll, mit blauen Augen und von der Sonne ausgeblichenen Haaren, ist er ein wahrer »Waterman«, jemand, der sich im Meer zu Hause fühlt. Er brachte alle Voraussetzungen mit, um einen Weltrekord zu tauchen und die Goldmedaille zu holen. Wie die meisten war er früh nach Dahab gekommen, um zu trainieren und sich auf maximale Leistung vorzubereiten.

Es kam anders. Schon in seiner ersten Woche erwischte ihn eine Erkältung, die ihn blockierte: Ohren, Nasennebenhöhlen und Stirnhöhlen waren dicht, es war kein Druckausgleich möglich. Alle paar Tage erschien William im Wasser, versuchte abzutauchen und drehte knapp unter der Oberfläche wieder um. Umgeben von Freitauchern, die jeden Tag von ihren Erfolgen berichteten, fluchte er manchmal mit bunter Sprache über die verstopften Ohren, trug seinen Frust aber nie in die Gemeinschaft. Er hörte Freunden zu, wenn sie über Probleme diskutierten, gab Anfängern wie mir großzügig Rat und unterhielt uns als begnadeter Erzähler mit Anekdoten aus seinem abenteuerlichen Leben. Bis zur WM trainierte er kein einziges Mal.

Als der Tag kam, an dem »No Fins« an der Reihe war, kündigte er den zweittiefsten Tauchgang an, ging ins Wasser und bereitete sich vor. Keiner von uns glaubte, dass er weit kommen würde. Will tauchte 75 Meter, schwamm ohne Probleme zurück zur Oberfläche und holte sich die Silbermedaille. Konfrontiert mit der Konkurrenz, die wochenlang trainiert hatte, ließ er sich nicht aus der Ruhe bringen. Als es darauf ankam, besann er sich auf seine Erfahrung, vertraute seinem Körper und ließ dem Geist die Freiheit, sich keine Grenzen zu setzen. Seine positive Ruhe während der frustrierenden Phase beeindruckte mich ebenso wie das Selbstvertrauen, mit dem er ohne Vorbereitung den Tauchgang absolvierte.

2018 wurde ich daran erinnert, wie ich ihn damals in Ägypten erlebte. Ich reiste zu dem Event »Vertical Blue« auf den Bahamas mit einer Stirnhöhlenentzündung an. Es war der einzige Wettkampf, für den ich in dieser Saison Zeit hatte, aber drei Wochen lang war jedes Training unmöglich. Es war frustrierend und enttäuschend, und je nach Tagesform verfluchte ich Flugzeuge, Klimaanlagen und das Universum oder jammerte bei meinen Freunden, die versuchten, mich zu trösten. Als deutlich wurde, dass eine Besserung unwahrscheinlich war, setzte ich mich gezielt mit der Situation auseinander und schmiedete in bewährter Roland-Manier einen neuen Plan. Er lautete: Konzentrier dich auf die Dinge, die dir unter diesen Umständen möglich sind. Dazu gehörte, die Schönheit des Meeres auf mich wirken zu lassen. Mich täglich darüber zu freuen, an einem so ungewöhnlichen Ort zu sein. Mich so fit wie möglich zu halten. Im Abendlicht schleppte ich eine der riesigen 20-Liter-Wasserflaschen durch den tropischen Garten unseres kleinen Hauses und trieb so intensiv Sport, dass ich tagelang schrecklichen Muskelkater hatte und fast ebenso lange beste Laune. Es ist in Ordnung, einer verpassten Chance nachzutrauern, doch es sollte nicht alles andere überlagern.

Ich dachte an William und wartete den ersten Tag des Events mit hart erkämpfter Geduld ab. Wie er beschloss auch ich, meinen Fähigkeiten zu vertrauen und mir selbst und den Tauchgängen ohne Einschränkung Raum zu geben. In dem Wettkampf, in dem ich vermeintlich chancenlos dastand, landete ich nach zwei abgebrochenen Versuchen mit Ruhe und Präzision in zwei von drei Disziplinen auf dem dritten Platz. Ich hatte beschlossen, die Situation bestmöglich zu handhaben und mich dann, befreit von Grenzen und Erwartungen, auf das Wesentliche konzentriert: mein Können im Wasser und die Liebe zu meinem Sport. In dem Augenblick, in dem mir das gelang, stellte sich wie von selbst der Erfolg ein.

Limits im Kopf sind nicht nur die großen Grenzen, die jeder von uns sich setzt. Es sind viele kleine Beschränkungen, die wir uns auferlegen oder als unausweichlich akzeptieren. Die fehlende Zeit. Das falsche Wetter. Der falsche Wochentag zum Anfangen. Die falsche körperliche Verfassung. Die meisten dieser vermeintlichen Hindernisse lassen sich überwinden, wenn man sich eingesteht, dass man sich gerade selbst zurückhält. Wenn ich mich miserabel und hoffnungslos fühle, versuche ich, daran zu denken, was ich beeinflussen kann. Vieles liegt außerhalb meiner Möglichkeiten – ich habe keinen Einfluss darauf, wie gut meine Konkurrenz vorbereitet ist, und keinen Einfluss auf die Bedingungen im Wasser. Was ich beeinflussen kann, sind meine eigene Fitness und meine innere Haltung zum Wetter. Oft ist unsere Reaktion auf die jeweiligen Umstände das Einzige, was wir in der Hand haben – doch mit ebendieser bewusst umzugehen, ist eine Stärke, die uns niemand nehmen kann.

Nicht immer schafft man es, sich mit viel Ruhe daran zu erinnern. Manchmal werden wir überwältigt von Ärger, Frust und Stress. Auf den Bahamas hatte ich Tage, an denen meine Enttäuschung in den Vordergrund geriet. In diesen Momenten ist es nutzlos, sich zusätzlich selbst dafür zu bestrafen, dass man die schlechte Laune nicht unterdrücken konnte. Die häufigen Rückschläge und kleinen Miseren des Wettkampfsports haben mir beigebracht: Auch die Reaktion auf meine eigene Reaktion habe ich in der Hand. Lassen Sie sich nicht überwältigen, auch nicht von Ihren eigenen Fehlern. Wenn es einem irgendwann, mitten im Strudel der negativen Emotionen, gelingt, seine eigene, innere Haltung wieder bewusst zu übernehmen, hat man bereits gewonnen. Denn in diesem Moment ist man der Situation nicht mehr hilflos ausgeliefert, egal, wie wenig man sie beeinflussen kann.

Zurück ins Jahr 2007, in dem der Apnoe-Wanderzirkus im Anschluss an den Triple-Depth-Wettkampf von Dahab nach Sharm el Sheikh umzog. Die Weltmeisterschaft lief unerwartet gut für mich – ich tauchte tiefer als zuvor und holte gegen lauter wettkampferprobte Taucher eine Bronzemedaille in der Disziplin »No Fins«, mit einem Tauchgang, von dem ich später noch berichten werde. Während wir uns für die WM-Party umzogen, fragte Sara mich, an welchen Wettkämpfen ich im nächsten Jahr teilnehmen würde. Überrascht erklärte ich ihr, dass ich darüber gar nicht nachgedacht hatte – für mich war dieser Weg mit der Teilnahme an der WM beendet. In meinem Kopf war ich trotz fünf aufgestellter deutscher Rekorde und einer Medaille keine Sportlerin, sondern einfach nur Taucherin – eine Trimix-Taucherin mit etwas Apnoe-Erfahrung, um genau zu sein. Erst als ich wieder zu Hause in London war und anfing, mich über Tauchplätze mit guten Apnoe-Trainingsbedingungen zu informieren, musste ich akzeptieren, dass ich mit ganzem Herzen Apnoetaucherin sein würde und dass Wettkämpfe zu meiner neuen Sehnsucht dazugehörten.

Mit dem festen Vorsatz bewaffnet, über den Winter fleißig drei Mal die Woche zum Pooltraining zu gehen, um für die nächste Saison gerüstet zu sein, stürzte ich mich in die dunkle Jahreszeit und entdeckte dabei weitere ungünstige Voraussetzungen bei mir für den sportlichen Erfolg: einen unruhigen Lebenswandel mit wenig geregelten Zeiten und meinen ausgeprägten Mangel an Selbstdisziplin, gepaart mit einem natürlichen Hang zur Faulheit. Abgesehen von einer Handvoll Ausnahmen schaffte ich es nie in die Schwimmhalle und fand mich mit dem Gedanken ab, die Disziplinen Streckentauchen mit Flossen, ohne Flossen und das reine Luftanhalten, in denen ich sowieso eher schlecht war, einfach zu ignorieren.

Ich hatte die Rechnung ohne den Teufel meiner natürlichen

Neugierde gemacht, der beschloss, herausfinden zu müssen, zu was ich auch in diesem Bereich in der Lage wäre. Man ist ja kein vollständiger Apnoetaucher, wenn man einen ganzen Teil des Sports ausklammert, argumentierte er. Meine Einwände, dass ich es nicht ausstehen kann, frühmorgens ins Schwimmbad zu gehen, dass es dort keine Fische zu sehen gibt und es gefährlicher Irrsinn ist, mit dem Gesicht im Wasser herumzuliegen und die Sekunden zu zählen, wenn man stattdessen Kaffee trinken kann, zeigten keine Wirkung, bis auf eine: Der Apnoe-Teufel suchte nach einem Weg, mir mit allen Mitteln Motivation zu verschaffen und meinen Mangel an Selbstdisziplin auszuhebeln. Ich leistete zwei Jahre lang erfolgreich Widerstand, bis mich 2009 die Tatsache erledigte, dass es ein Hallen-WM-Jahr war – gegen die Argumentation in meinem Kopf, so ein Event einmal erleben zu müssen, war nur schwer etwas auszurichten.

Eh ich mich's versah, hatte ich mich für das Team beworben und stand wenig überraschend dem Problem gegenüber, mein faules Ich zum ungeliebten Pooltraining zu bewegen. Auch dafür hatte mein Teufel eine Lösung: Für das erste Maiwochenende meldete er beim deutschen Dachverband einen offiziellen Rekordversuch an, in dem ich versuchen würde, die nationalen Rekorde in den beiden Disziplinen Streckentauchen mit und ohne Flossen zu brechen. Der Augenblick, in dem ich auf »Senden« drückte und die Mail mit der Ankündigung durch das Netz zum Verantwortlichen für Wettkämpfe und Rekorde beim deutschen Dachverband flog, war einer meiner schlimmsten »Oh Schreck«-Momente aller Zeiten – einer von vielen, denn in manchen Dingen lernt man bekanntlich nichts dazu.

Zu einem offiziellen Rekordversuch erscheinen Schiedsrichter, Sicherheitstaucher, ein Arzt, unter Umständen Zuschauer und, wenn es ganz schlimm wird, Medien. Es ist die reine Wunderwaffe, ich kann es nur empfehlen – »null Bock auf Schwimmbad« wird von einer Sekunde zur nächsten überholt von der ultimativen Nicht-genug-Zeit-Panik und dem intensiven Bedürfnis, sofort die Badekappe rauszuholen.

Durch das Potenzial zur Blamage mit ausreichend Motivation ausgestattet, plante ich einen Block von sechs Wochen intensivem Training in Berlin, wo ich inzwischen lebte – statt über Monate mit zwei bis drei Einheiten die Woche zu arbeiten, wendete ich das Prinzip Tieftauchen auf den Pool an. Dazu überredete ich Martin Müller, der einer der erfahrensten Apnoetaucher in Deutschland war und in der Nähe wohnte, mir zu helfen. Er wurde zum Coach, der mich zusammen mit seiner Freundin, der norwegischen Freitaucherin Elisabeth Kristoffersen, sechs Tage die Woche mit viel Spaß und ebenso viel Strenge vorwärtsbrachte. Beide sagen, sie hätten mir die Gedanken beim Schwimmen am Hinterkopf angesehen. In meinem Kopf klang es oft so: »Alles entspannt, ganz locker, erste Wende, Moment – Atemreiz? Hör besser auf. Man muss wissen, wann man die Reißleine zieht. Na gut, noch zum Ende der Bahn. Wieso mache ich so was? 75 Meter, dann ist Schluss. Ekelhafter Sport. Noch einen Flossenschlag, dann kann Martin nichts sagen. Oh, die Wand! Wende geht immer. Hey, wenn ich 125 Meter schwimme, ist das richtig gut! Schaff ich. Meine Beine sind aber irgendwie schwer. Macht nichts, noch mal umdrehen, 130 Meter, fast Rekordniveau! Jetzt aber rauf. Wo ist mein Kaffee?«

Mit solchen Monologen im Kopf entwickelte ich mich stetig weiter. Obwohl ich die Schwimmbaddisziplinen nach wie vor nicht mochte, gefiel es mir, konzentriert an etwas zu arbeiten, das ich mir vorgenommen hatte, und mich in einem Bereich auf ein hohes Niveau zu steigern, für den ich vollkommen ungeeignet war. Mir fehlen in fast jeder Beziehung die körperlichen Voraussetzungen für Apnoe, aber mental bin ich in der Lage, diesen Mangel auszugleichen. Ich fand meist einen Weg, mich selbst davon zu überzeugen, die Strecke oder Zeit zu erreichen, die ich mir vorgenommen oder die Martin für mich angesetzt hatte. Nach sechs Wochen tauchte ich mit meiner Monoflosse 150 Meter und ohne Flossen 113 Meter weit und überbot damit die alten Rekorde von 134 Meter und 99 Meter deutlich, was niemanden mehr überraschte als mich.

Wie alle Menschen habe ich Limits, die mich einschränken und die ich akzeptieren muss. Meine Autoimmunkrankheit gibt mir oft vor, wann ich Pausen brauche. Ich habe mein Training eingestellt, Weltrekordversuche abgesagt und Wettkampftauchgänge ausfallen lassen, weil mich mein Körper dazu zwang. An dieser Grenze mit Gewalt vorbeizugehen würde mir nicht dabei helfen, sie zu überwinden. Weil ich vorsichtig mit ihr umgehe, habe ich das Hindernis der Krankheit weit verschoben. Ebenso gibt es Beschränkungen, die ich selbst wähle – wie lange und wie weit ich von meiner Familie entfernt leben möchte, bestimmt unter anderem, dass ich nicht das ganze Jahr an einem tropischen Ort trainiere. Das krampfhafte Verfolgen von Zielen um jeden Preis kann eine ungeheure Zerstörungskraft entwickeln und ist eine eigene Art von Grenze, die einem jede Freiheit nimmt. Aber es ist möglich, die ungefilterte Reaktion von »Das könnte ich nie«, die im Kopf abgespult wird, wenn man etwas Neuem gegenübersteht, immer wieder zu überdenken.

Aus diesem Grund akzeptierte ich vor mir selbst die Ausrede nicht, dass die Pooldisziplinen »eben nichts für mich sind«, und wollte eine Lösung finden. Oft ist »keine Zeit« unsere beliebteste Ausrede, denn sie ist die angenehmste von allen. Sie befreit uns von der Verantwortung, die wir dafür übernehmen müssen, dass wir uns Dingen im Leben nicht stellen und neue Wege nicht einschlagen. Meistens haben wir mehr Zeit zur Verfügung, als wir uns eingestehen. Es ist in Ordnung, etwas abzulehnen, jeder hat Grenzen – innere und äußere, und viele Dinge interessieren uns einfach nicht. Doch zu alt, zu jung, nicht sportlich genug, zu beschäftigt – diese Gründe sollte man zumindest hinterfragen. Wenn man die automatischen Beschränkungen im Kopf ablegt und es wagt, einen Schritt ins Ungewisse zu machen, hat man Erfolg – auf jeden Fall den, etwas Neues erlebt und bewältigt zu haben.

Im nächsten Kapitel möchte ich von der grenzenlosen Tiefe des Apnoetauchens und von der Barriere erzählen, auf die ich traf. Doch bevor Sie lesen, wie ich meinen größten Misserfolg überwand, überlegen Sie doch einmal, wann Sie zuletzt jemand mit seinem Können, seinem Willen oder seiner Leistung wirklich beeindruckt hat. Haben Sie sich innerlich davon abgegrenzt oder darüber nachgedacht, was Sie vielleicht selbst erreichen könnten? Welche Grenzen setzen Sie sich automatisch, ohne nachzudenken? Ich neige dazu, mir zu sagen, ich hätte keine Zeit, und alles auf morgen zu verschieben. Ich habe gelernt, dass ich mich austricksen muss, um mir die Motivation zu schaffen, Dinge umzusetzen. Spätestens wenn ich mich zu einem Marathon angemeldet habe, gehe ich laufen!

KAPITEL 4: RETTUNG

Mit innerer Kraft durch die Krise

In meiner Erinnerung ist es grau. Dichtes Licht hält mich gefangen. Betongrau, ohne Struktur. Undurchdringlich, klanglos, die Sinne erstickt. Ich träume nicht, bin reines Bewusstsein, körperlos. An den Rändern: Finsternis, die versucht, mich zurückzuziehen, in den ohnmächtigen Schlaf. Ich fühle die Panik, die sich nähert, wie ein Schatten, der über mich zu fallen droht. Verzweifelt kämpfe ich. Ich will aufwachen.

Dann eine Stimme: Es ist Marco, der mich gesichert hatte. »Anna«, sagt er, »du bist okay.« »Nichts ist okay«, denke ich, denn noch immer bin ich versteinert, bewegungslos. »Werde wach, werde wach«, sage ich zu mir, bis mein Wille mich nach oben reißt und ich mich aufsetze, mit rasendem Herzen. Um mich herum Protest und Menschen, die mich zurückdrücken wollen. »Leg dich hin! Legt sie hin!«, rufen sie. Ich wehre mich, klammere mich fest, bin formlos, verschwommen und fürchte die Schwärze, die noch immer an mir zieht. Heftig schüttele ich den Kopf, wie ein Hund, der sich das Wasser aus dem Fell wirft, und versuche, den Nebel wegzuschieben, der mich umfängt. Jemand hält mich im Arm. Es ist Lotta, wo sie mich berührt, spüre ich mich. »Wo bin ich?«, frage ich, während sie mich im Licht verankert und mich nicht fortgleiten lässt in den Schlaf. »Du bist in Sharm el Sheikh«, sagt sie, und ich denke: »Warum tauche ich nicht, ich dachte, ich tauche?« Ich lasse mich fallen, in die Erschöpfung, kämpfe nicht mehr. Die Blicke der anderen sind durchsichtig, in den Resten der Angst hinter ihren Augen lese ich, dass es schlimm war. »Mist«, denke ich, als mir jemand Sauerstoff gibt, »ich habe es vermasselt.«

Ich war tiefer getaucht als je zuvor. Wie damals, als ich im Schwimmbad bis an den Rand der Ohnmacht schwamm und nur mit Glück dem Ertrinken entging, war es ein Monat im Sommer, in dem ich zum zweiten Mal in Lebensgefahr geriet und bewusstlos wurde, 40 Meter unter der Oberfläche. Mein einziger schwerer Blackout war einer der spektakulärsten, die es im Freitauchen je gab. Ein außergewöhnlicher Unfall bei einem Weltrekordversuch in 130 Meter Tiefe, in der Schlittendisziplin »Variables Gewicht«. »Nie kannst du etwas halb machen«, dachte ich hinterher und überlegte, wie ich meinen Eltern erklären sollte, was bald in der Zeitung stehen würde.

Von außen betrachtet, war ich in meiner Apnoekarriere über Nacht mit minimalem Aufwand an der Spitze gelandet, mir selbst erschien dieser Umstand wie reines Glück. Als ich noch ganz am Anfang stand, gratulierte mir Roland bei einem Gespräch in unserem Strandcafé zu meinem ersten Rekord. »Hey, super«, sagte er, »jetzt bist du ohne Flaschen viel tiefer getaucht als mit!«

»Unmöglich!«, lachte ich. »Ich war mit Flaschen schon in 130 Metern, das geht mit nur einem Atemzug auf keinen Fall.«

»Sag das nicht«, antwortete er, »man weiß nie, was noch kommt.«

Während wir frischen Zitronensaft tranken und zusahen, wie das Meer still wurde, dachte ich über seinen Kommentar nach. Nicht viele Menschen waren je so weit unten gewesen wie ich. Eine Tatsache, die großen Einfluss auf meine Entwicklung als Apnoetaucherin hatte. In Wahrheit war mein schneller Erfolg auf der Basis von Jahren des Tauchens mit Geräten entstanden, Jahre, in denen ich mich an die Welt der Tiefe gewöhnt und meine Fähigkeit zu Fokus, Präzision, Risikomanagement und Selbsteinschätzung trainiert hatte. Ich hatte genug schwierige Situationen unter Wasser erlebt, um zu wissen, dass ich Problemen mit Ruhe begegnen würde. Die Summe meiner Erfahrungen gab mir die mentale Stärke, mit der ich bis heute meine körperlichen Nachteile ausgleiche.

Außerdem war ich in der Lage, den Misserfolgen und den Problemen, die ich, wie jeder Athlet, im Sport erlebte, mit Gelassenheit entgegenzutreten, weil für mich die persönliche Motivation im Vordergrund stand. Ich habe mein Herz schon als Kind an die Sache an sich verloren, daran ändert weder ein vermasselter Wettkampftauchgang noch ein quälendes Statik-Training etwas. Eine Leidenschaft zu leben bedeutet für mich, den Prozess mehr zu lieben als das Ziel, eine Einstellung, die mir half, die Hürde der Frustration, vor der jeder irgendwann unweigerlich steht, leichter zu überwinden.

Schlittentauchen, vor allem in der Disziplin »No Limits«, ist eine Nische im Apnoesport, die die meisten wohl aus Luc Bessons Film »Im Rausch der Tiefe« kennen. Man nutzt dabei das Hilfsmittel eines »Schlittens« – eine Konstruktion aus Stahlrohren, die mit Gewichten beschwert wird und an der man sich festhält, um sich in die Tiefe ziehen zu lassen. Unten angekommen, bläst man mithilfe eines Tanks einen Ballon auf, der einen wieder an die Oberfläche hebt. Auf diese Weise kann man extreme Tiefen erreichen, da man keine Energie zum Schwimmen braucht und mit bis zu zwei Metern pro Sekunde große Geschwindigkeiten entwickelt.

Die meisten verbinden mit Apnoe die Bilder des Tauchers, der auf so einem Gerät nach unten verschwindet. In der Realität handelt es sich dabei jedoch um die extreme Spitze des Sports, die nur eine Handvoll Athleten für sich beanspruchen und in der es um das reine Testen von menschlichen Limits geht. Einen Weltrekord in »No Limits« aufzustellen bedeutet, sich ins Ungewisse zu wagen, denn niemand kann sagen, was mit einem Menschen passiert, der diese Tiefen erreicht. Bis wohin hält die Lunge stand? Kollabiert irgendwann die Luftröhre? Keiner weiß es. No Limits an seiner maximalen Grenze ist ein Schritt ins Nichts. Schon immer hat es Einzelne gegeben, die diesen Weg suchen und in deren Natur es liegt, sich von den letzten offenen Fragen nach dem Menschenmöglichen angezogen zu fühlen. Unter Freitauchern gibt es sie ebenso wie unter Bergsteigern. Der höchste Punkt der Erde hat sich auch ohne zusätzlichen Sauerstoff als erreichbar herausgestellt, während die Ozeane mit nichts als der Luft in unserer Lunge unbezwingbar bleiben werden.

Natürlich ist diese Art von Suche nach Grenzen mit Risiken verbunden. Wer sich mit dem No-Limits-Schlitten hinunterwagt, hat ein Problem: Er taucht tiefer, als er aus eigener Kraft zurückkehren kann, und muss sich auf das Gerät verlassen, um wieder an die Oberfläche zu gelangen. In diesem Moment wird es gefährlich, denn Technik kann versagen. Audrey Mestre, eine der bekanntesten Apnoetaucherinnen der Welt, verlor 2005 bei einem No-Limits-Rekordversuch in 172 Metern ihr Leben. Als sie, unten angekommen, den Ballon füllen wollte, der sie zurückbringen würde, war der Tank leer. Bis man sie auf andere Weise nach oben geholt hatte, war es zu spät. Ein tragischer, vermeidbarer Vorfall, der bis heute viele von uns mit Trauer erfüllt.

Die zweite Schlittendisziplin ist das sogenannte »Variable Gewicht«. Man taucht dabei mithilfe des Schlittens herunter, lässt ihn los und schwimmt aus eigener Kraft wieder zurück. In beiden Disziplinen veranstaltet man speziell für den einzelnen Athleten organisierte Rekordversuche, denn sie sind zu aufwendig und technisch komplex, um darin Wettkämpfe abzuhalten.

Viele Apnoetaucher scheuen vor dieser Art zu tauchen zurück. Der Gedanke, sich dem technischen Gerät anzuvertrauen und es mit jedem Handgriff zu beherrschen, erfüllt sie mit Unsicherheit. In der Tiefe angekommen, muss man zum Beispiel den Tank öffnen, um den Ballon aufzublasen, es braucht

Zeit, bis der Schlitten sich langsam, ganz langsam in Bewegung setzt, in 120 Metern können es 30 Sekunden sein, die so vergehen, eine halbe Minute, die eine Ewigkeit ist. Ein Stillstand, den man lieben muss, so wie den endlosen Raum des Ozeans, der einen umgibt, denn an diesem Ort kann man sich den Moment der Angst in der Tiefe nicht leisten.

Auf dem Weg zurück strömt die sich ausdehnende Luft aus dem Ballon und erzeugt einen Blasenstrudel, der einen einhüllt. Immer schneller geht es nach oben, jetzt heißt es, im richtigen Moment die Sicherheitsleine zu lösen, die einen mit dem Schlitten verbindet, und sich von ihm wegzustoßen. Alleine rauscht er mit doppelter Geschwindigkeit weiter, während man sich langsam im Blasenstrom treiben lässt, den Blick auf die Sonne gerichtet, die durch das Wasser fällt.

Für mich war der Schlitten die natürliche Verbindung zwischen technischem Tauchen, maximaler Tiefe und der Auseinandersetzung mit mir selbst und dem Meer. In kurzer Zeit tauchte ich in Griechenland 100 Meter im variablen Gewicht, die erste Deutsche, die diese Grenze überwand, und eine der wenigen Frauen weltweit. Ein Rekord, der mir vor allem deshalb viel bedeutete, weil er den Blick auf neue Möglichkeiten freigab. Was mir vorher undenkbar erschienen war, wurde zur reellen Chance: 130 Meter zu erreichen, mit einem einzigen Atemzug, ebenso tief, wie es mir Jahre zuvor mit vier Tanks und komplexen technischen Hilfsmitteln gelungen war. Meine persönliche Tiefe. Ein Tauchgang, der ein Teil meiner Geschichte wäre, der Geschichte, die in einem kleinen, hellblauen Schwimmbad begann. Eine Herausforderung, die Zeit und Planung brauchen würde. Ein Projekt auf professionellem Niveau.

Ich wusste, ich bin bereit für diesen Schritt. Wer sich an die Grenzen des Menschenmöglichen vorwagt, braucht absolute innere Sicherheit, denn Zweifel und Zögern sind äußerst riskant. Das bedeutet nicht, unbesonnen die Gefahr zu suchen. Im Gegenteil – der Respekt vor der Naturgewalt, in die man sich begibt, vor der Komplexität des Vorhabens und – mehr als alles andere – vor den eigenen Grenzen ist elementar, ebenso wie die Bereitschaft, einen Rückzieher zu machen.

Aus der – notwendigen – absoluten Überzeugung, der Aufgabe gewachsen zu sein, entsteht jedoch ein anderes Problem. Es ist schwer, zu wissen wann es Zeit ist, die Reißleine zu ziehen. Wer dafür ausgebildet ist, lernt, sich ständig und möglichst objektiv einzuschätzen. Dennoch besteht die Gefahr, sich subjektiv stärker zu fühlen, als man ist. Daher braucht man für Vorhaben im Grenzbereich unbedingt Menschen, denen man vertraut und mit denen man auf Augenhöhe ist. Die verstehen, was einem durch den Kopf geht, und die man ohne Einschränkung respektiert. Ihre Aufgabe ist es, einen im richtigen Moment zu hinterfragen. Haben wir an alles gedacht? Sind die Bedingungen in Ordnung? Manchmal ist es schwer, richtig abzuwägen. Ist das Wetter perfekt, der Athlet gesund, ausgeschlafen und optimal vorbereitet, besteht kein Zweifel daran, dass man den Versuch angeht. Ist der Athlet krank oder herrscht ein heftiger Sturm, der die Plattform aus der Verankerung reißt, ist klar: Tauchen ist nicht möglich, die Entscheidung wurde einem abgenommen. Gefährlich sind die grauen Zonen, das Stück zwischen optimalen und miserablen Bedingungen. Die Wellen sind ein bisschen zu hoch, der Wind nimmt zu – schaffen wir es, zu starten, bevor es zu schlimm wird? Der Athlet war erkältet, aber seit vorgestern geht es ihm besser – ist er in der Lage zu tauchen oder zu geschwächt? In diesen Momenten braucht man ein Team, das die Situation mit einem abwägt und hilft, die richtige Entscheidung zu treffen, die am Ende trotz allem immer die eigene bleibt.

Bei Aaron Bruce hatte ich eine Regel des technischen Tauchens gelernt, die von zentraler Bedeutung für mich ist: Man ist immer – wirklich immer – für sich selbst verantwortlich. Auch wenn man unter Wasser durch das Verhalten des Partners in Schwierigkeiten gerät und einen schweren Unfall hat:

Nie gibt man die Schuld dem anderen. Denn man selbst hat beschlossen, mit dieser Person zu tauchen. Niemand hat einen dazu gezwungen. Mit der bewussten Wahl trägt man auch die Konsequenzen – ein Ansatz, den ich tief verinnerlicht habe. Als ich beispielsweise anfing, Motorrad zu fahren, fragte ich mich, was das Schlimmste wäre, das passieren könnte – für mich war es der Gedanke, nach einem Unfall für immer ein Pflegefall zu sein. Ich überlegte mir sehr genau, ob ich dieses Risiko annehmen wollte, bevor ich den Führerschein machte.

Ganz gleich, in welche Gefahr man sich begibt, ob es sich um eine große Herausforderung handelt oder eines der vielen kleinen Risiken, die man eingeht: Man sollte sich über das potenzielle Resultat im Klaren sein. »Wird schon gut gehen« ist keine Entscheidung. Wenn es schiefgeht, ist das Gefühl, von der Ungerechtigkeit des Universums gestraft worden zu sein, groß. Das akzeptiere ich nicht. Ich bin der Ansicht, dass man die Verantwortung für sich und die Dinge, die einem zustoßen, aktiv übernehmen muss. Das zu tun macht frei, denn auf diese Weise löst man sich in vielen Situationen von dem Eindruck, hilflos dem Lauf des Schicksals ausgeliefert zu sein.

Ich hatte einen persönlichen Traum, der mich nicht mehr losließ. 130 Meter, mit nur einem Atemzug. Vorsichtig wägte ich ab, wie, wo und mit wem ich diesen Versuch angehen könnte, und wusste, dass es mich zurück nach Sharm el Sheikh ziehen würde, in mein »Tauchzuhause« am Roten Meer. Dort betrieb Marco Nones, ein Italiener aus Genua mit langen Dreadlocks und blauen Augen, zusammen mit seinem Partner Andrea Zuccari das »Only One Apnea Center«. Andrea war selbst im Wettkampf aktiv, ein Draufgänger, der in Italien Motorradrennen fuhr und in der Ruhe der tiefen Apnoetauchgänge einen Kontrast zu seiner Risikofreude gefunden hatte. Ihre unterschiedlichen Persönlichkeiten ergänzten sich perfekt. Marco legte im Wasser größten Wert auf Entspannung und erzeugte die ideale Atmosphäre fürs Loslassen, während Andrea, der klassische Italiener mit langen, fast schwarzen Haaren und einem selbstbewussten Grinsen, selbst ein Athlet war, der im Apnoesport seine Grenzen suchte und der wusste, wann man einen Sportler fordern und wann ihn zurückhalten musste.

Die beiden wurden die Menschen, auf die ich mich unter Wasser ohne Vorbehalte verließ. »Angel Coach« und »Evil Coach«, wie ich sie taufte – Marco, der Engel, und Andrea, der Böse – teilten sich Gedanken, Pläne und Sorgen um mich ebenso wie das Lachen, den Erfolg und die Rückschläge, die wir einsteckten.

Mit Marco vereinbarte ich, dass ich Anfang März 2011 nach Sharm kommen würde, um die Saison zu starten. Ich wohnte mit William Winram, der ebenfalls im Only One Apnea Center trainierte, in einem Apartment in meiner alten Heimat Hadaba und liebte diese Zeit. Vor der Tür stritten sich die streunenden Hunde, die im Müll nach Essensresten wühlten, während Kinder im Schatten blühender Oleanderbüsche auf der staubigen Straße einen alten Ball hin und her kickten. Wenn der Muezzin zum Abendgebet rief, spielten wir auf Marcos großer, mit fest gemauerten Sitzgelegenheiten versehenen Dachterrasse Billard und unterhielten uns bis in die Nacht. Über die Wochen wuchsen Andrea, Marco und ich zu einem Team zusammen, in dem absolutes Vertrauen herrschte. Als ich am Ende 110 Meter in No Limits tauchte und dabei sicherer und solider war als je zuvor, einigten wir uns gemeinsam darauf, den 130-Meter-Tauchgang im variablen Gewicht im Juni zu versuchen. Der damalige Weltrekord in dieser Disziplin lag bei 126 Metern.

Die größte Hürde für einen Apnoetaucher ist zuerst einmal, das Ziel überhaupt zu erreichen. Auf dem Weg nach unten spielen viele Faktoren eine Rolle. Die Schutzfunktionen des Tauchreflexes müssen stark genug sein, um den Druck auf die Lunge auszugleichen und sie vor Verletzung zu bewahren. Mit zunehmender Tiefe wird die Lunge immer kleiner zusammengepresst. Da im Brustkorb nicht einfach ein Hohlraum entstehen kann, braucht man Flexibilität, die Rippen müssen nachgeben können, das Zwerchfell nach oben wandern, der Körper weich werden. Obendrein beinhaltet der Tauchreflex die sogenannte Blutumverteilung, bei der Blut in die Körpermitte fließt – die Gefäße um die Lunge herum schwellen an und erlauben wiederum, sie kleiner zusammenzudrücken. Funktioniert das nicht effektiv, gibt es Probleme. Selbst wenn man sich Zeit lässt, weiß man nie, ob man nicht an das Limit seiner persönlichen Physiologie stoßen wird.

Ob meine Lunge in der Lage war, einer Tiefe von 130 Metern standzuhalten, mussten wir vorsichtig testen. Eines der Risiken im Apnoetauchen ist der sogenannte »Squeeze«, der englische Begriff für eine Quetschung. Dabei handelt es sich um ein Barotrauma, eine Überdruckverletzung der Lunge, bei dem es zu einem Lungenödem kommt, da Plasma und Blut eindringen und sie mit Flüssigkeit füllen. Der Grad der Schwere eines Squeeze variiert, sie kann über ein leichtes Gefühl von Enge in der Brust bis zu extremer Kurzatmigkeit und dem Heraufhusten von viel Blut reichen. Manche Taucher sind sehr anfällig, manche so gut wie gar nicht. Der Körper braucht Zeit, sich an die Tiefe zu gewöhnen und seine Schutzmechanismen zu mobilisieren. Anspannung unter Wasser erhöht das Risiko, ebenso wie starke Bewegungen in der Tiefe, die am Punkt des maximalen Drucks den Brustkorb zusätzlich beeinträchtigen.

Über langsames Tauchen galt es herauszufinden, ob meine Lunge der Belastung gewachsen wäre. Zusätzlich brauchte ich viel Zeit, um den komplizierten Druckausgleich in der Tiefe zu trainieren, der uns Apnoetaucher häufig zwingt abzubrechen. Beim Apnoetauchen ist die Lunge irgendwann so klein zusammengepresst, dass man sein sogenanntes »Lungenrestvolumen« erreicht hat. Ab jetzt ist es nicht mehr möglich, auszuatmen – was für den Apnoetaucher bedeutet, dass er keine Luft aus der Lunge in die Ohren verteilen kann, um dem Wasserdruck entgegenzuwirken.

Für die meisten Taucher liegt dieser kritische Punkt zwischen 30 und 40 Metern Tiefe. Um trotz allem weiter hinabzugelangen, nutzt man eine spezielle Technik, den sogenannten »Mouthfill« – übersetzt etwa »Mundvoll«. Bevor man den Punkt erreicht, an dem man nichts mehr ausatmen kann, bläst man wie ein Posaunenspieler die Wangen auf. Diese Luft gilt es im Mund zu behalten, um damit bis zum Schluss den Druck in den Ohren auszugleichen. Um diesen Ablauf zu beherrschen, braucht es viel Übung.

Mit meiner kleinen Lunge und der eingeschränkten Beweglichkeit erreiche ich mein Restvolumen besonders früh, was mir den so entscheidenden Druckausgleich schwer macht. Glücklicherweise war Andrea ein Experte auf dem Gebiet. Damit er sehen konnte, wo mir Fehler passierten, begleitete er mich meistens auf dem Schlitten. Dabei entstand eine Idee: Andrea und ich würden als Teil meines Trainings den Weltrekord im »Tandem No Limits« brechen, bei dem man zu zweit taucht und der bei 121 Meter lag, gehalten vom Belgier Patrick Musimu und der Brasilianerin Karol Meyer. Ihn zu überbieten war ein idealer Zwischenstopp auf dem Weg zum Weltrekordversuch in 130 Metern und ein Ziel, das uns zusätzlich motivierte.

Ab Ende April arbeiteten wir uns stetig voran, immer beobachtet von Luda, der zahmen Barracuda-Dame, die unter der blauen Plattform ihr Revier hat, von der aus wir in Sharm el Sheikh trainieren. Dort hing sie und sah uns beim Tauchen zu. Manchmal kam sie bis auf wenige Zentimeter heran und verharrte reglos neben mir, andere Male tauchte sie ab und folgte dem Schlitten in die Tiefe.

Andrea und ich trainierten No Limits und spielten uns zusammen mit Marco, der sich um Ablauf und Sicherheit kümmerte, immer besser ein. Mit jedem Tag im Wasser wuchs unsere gemeinsame Stärke. Es ist schwierig, einen so tiefen Tauchgang zu zweit zu bewältigen, denn man muss dabei exakt aufeinander abgestimmt sein, bei unterschiedlichem Lungenvolumen gleichzeitig fertig eingeatmet haben und sich voll und ganz vertrauen. Es war faszinierend für mich zu erleben, wie entspannt ich in der Tiefe sein konnte. Es gibt ein Bild von Andrea und mir in 110 Metern, auf dem er mir ein paar Luftblasen entgegenbläst und ich ihn angrinse, doch bei allem Spaß waren wir hoch konzentriert und verließen uns vollkommen aufeinander. Am 11. Juni 2011 tauchten wir 125 Meter tief und stellten den Weltrekord in »Tandem No Limits« auf, der bis heute ungebrochen ist.

Der Weltrekord-Tauchgang bedeutete für uns, dass ich so weit war. Mit der Hilfe meiner beiden Coaches hatte ich mich körperlich und geistig an die extreme Tiefe angepasst und war nun in der Lage, den wichtigen Druckausgleich zu schaffen. Es war an der Zeit, das Training auf die Disziplin »variables Gewicht« zu verlagern, in der ich 130 Meter tauchen und damit den bestehenden Weltrekord von 125 Metern brechen wollte. Jetzt hieß es, nicht nur die große Tiefe zu erreichen, sondern auch aus ihr zurückzuschwimmen, denn bei dieser Art zu tauchen lässt man den Schlitten unten zurück, was sie körperlich anspruchsvoll macht.

Unser erstes Training in variablem Gewicht machte schonungslos deutlich, dass wir mehr Arbeit vor uns hatten, als uns lieb war. Ich fühlte mich unwohl, da ich im Gegensatz zum No-Limits-Schlitten die Füße nicht in Halterungen hatte, sondern mich aktiv festhalten musste. Die Anspannung, die ich dadurch im Oberkörper spürte, störte mich so sehr, dass ich nicht über 80 Meter hinauskam. Egal, wie oft wir den Tauchgang wiederholten, es wurde nicht besser. Zusätzlich begann ich die Tage zu zählen, hatte das Gefühl, die Zeit rast mir davon, und begann den Glauben an mich und an das, was möglich ist, zu verlieren. In dem Moment, in dem man in diesen gedanklichen Zustand verfällt, läuft man mit großen Schritten rückwärts. Apnoe funktioniert nicht, wenn man zweifelt und sich dem Tauchgang nicht voller Selbstvertrauen überlassen kann.

Gedanken wie »Ich muss es schaffen« blockieren ebenso wie »Ich habe nicht mehr genug Zeit«.

Ich hing fest. In den nächsten Tagen funktionierte nichts von dem, was wir versuchten. Nach einem weiteren Fehlschlag und einer unruhigen Nacht überfiel mich auch noch die Angst, dass ich ins Übertraining geraten und ein Schub Autoimmunkrankheit mir alles verderben würde. Einerseits wollte ich mich ausruhen, andererseits spürte ich enormen Druck, ins Wasser zu gehen.

Am Morgen fuhren wir zur Apnoebasis, wo ich mich, statt mit den Atemübungen zu beginnen, aus dem Hinterausgang wieder hinausschlich. Ich lief so weit wie möglich am Strand entlang und verzog mich hinter ein paar Felsen. Dort hörte ich Musik und dachte über die Situation nach. Ich wollte mit niemandem reden, ich wollte nicht trainieren, und ich wollte nicht gefunden werden. Es dauerte keine zehn Minuten, da stand Andrea neben mir.

»Woher wusstest du, wo ich bin?«, begrüßte ich ihn überrascht.

Er setzte sich zu mir in den Sand. »Bionda«, antwortete er mit einem kleinen Lächeln, »vor mir kannst du dich nicht verstecken.«

Ich erklärte ihm meine Sorgen. Dass ich zu müde wäre. Eine Pause bräuchte. Dass mir das Training nichts bringen und mich nur weiter erschöpfen würde. Dass ich Angst hatte, krank zu werden.

Andrea ließ mich ausreden. »Du tauchst 110 Meter«, sagte er, »und morgen ruhst du aus.«

Noch heute macht er sich über meinen verdutzten Gesichtsausdruck lustig. Hatte er nicht zugehört? Ich sollte mit all den Problemen über 100 Meter tief tauchen? Ich holte Luft und wollte protestieren, als der Teil meines Unterbewusstseins, der Herausforderungen liebt, anfing zu arbeiten. Ich wusste, dieser Schritt könnte mich zurück auf Weltrekordkurs bringen.

»Also gut«, sagte ich zu ihm, während der Chor der negativen Gedanken in meinem Kopf leiser wurde, »dann los.«

Mit neuer Zielstrebigkeit ging ich ins Wasser und erreichte die 110 Meter ohne Probleme. Als ich oben ankam, holte ich ein paarmal Luft, nahm die Maske ab und sagte: »Jetzt bin ich müde.« Meine beiden Trainer lachten und zwangen mich, mit ihnen Kuchen zu essen, bevor ich ins Bett fiel. Bei diesem Tauchgang hatte ich etwas Wichtiges gelernt. Als Andrea mich mit der anspruchsvollen Tiefe in dem Moment konfrontierte, in dem alles unmöglich schien, erreichte er den Teil von mir, der an schwierigen Aufgaben wächst, und holte mich damit aus der Spirale von Stress und Müdigkeit heraus. Seitdem weiß ich, dass es wichtig für mich ist, ein Ziel vor Augen zu haben, das mich begeistert – es bringt mich dazu, mich intensiv zu konzentrieren. Ich hatte damit eine Erkenntnis gewonnen, die mir später half, in schwierigen Wettkampfsituationen entgegen aller Wahrscheinlichkeit erfolgreich zu sein, und die sich auf das Leben allgemein übertragen lässt: Sich im richtigen Maße zu fordern, kann die Tür zu ungeahntem Potenzial öffnen.

Die Wissenschaft hat herausgefunden, dass einer der Faktoren, um in den sogenannten »Flow« einzutreten – ein Zustand, in dem alles wie von selbst geschieht und man mit seiner Aufgabe regelrecht verschmilzt –, das richtige Maß an Herausforderung ist. Ist sie zu weit außerhalb unserer realistischen Möglichkeiten, sind wir überfordert. Ist sie nicht groß genug, erlangen wir nicht das Level von Fokus, das für den Eintritt in den Flow nötig ist. Denken Sie daran, wenn Sie das nächste Mal etwas bewältigen möchten, sei es im Beruf oder im Sport. Die Kunst ist, sich zunächst richtig einzuschätzen. Wägen Sie ab, was wirklich in Ihrem Rahmen liegen könnte. Dann wählen Sie eine Aufgabe, die etwas außerhalb Ihrer Komfortzone, aber innerhalb dieses Rahmens liegt. Und im letzten Schritt: Gehen Sie es an, ohne etwas zurückzuhalten. Los heißt los, ohne zu zögern. Sie werden eine Überraschung erleben und wissen:

Hier war er, der Flow, der Zustand, in dem unser ganzes Potenzial mit einem Mal offenliegt.

Zwei Wochen nach diesem Wendepunkt war es so weit. Die Schiedsrichter waren angereist, und ein Kameramann stand bereit, um den Versuch zu filmen. Aus Dahab waren Lotta und Linda mit Jacques dazugekommen, einem Unterwasserfotografen, der mit seiner Erfahrung und Ruhe unser Team bereicherte. Fast alle, die so einen Versuch unterstützen, machen es ehrenamtlich, aus Leidenschaft für den Sport. Lotta würde sich an der Oberfläche um mich kümmern, während Marco, Linda und Andrea meine Sicherung übernahmen und Jacques als Backup zur Verfügung stand. Zusätzlich hatten wir das Schnellboot des Sharm Search and Rescue Teams vor Ort, das mit einem Arzt und zwei Helfern an Bord direkt an der Plattform festmachte. Von dort konnten sie mich im Notfall innerhalb von acht Minuten zum erfahrenen Tauchmediziner Dr. Adel Tahir in die Dekompressionskammer bringen. Alles war bereit.

Seit Tagen drangsalierte uns der Sommer des Sinai mit Temperaturen von 49 Grad im Schatten, doch nach mehreren Wochen in Sharm el Sheikh hatte ich mich an die Hitze gewöhnt. Das Meer lag still, fast ohne Wellengang empfing es mich mit idealen Bedingungen. Wie vor jedem Wettkampf wurde ich von Aufregung geschüttelt, doch ich wusste, dass das Sausen im Magen und das Dröhnen im Kopf verschwinden würden, sobald ich unter Wasser war. Ich beobachtete das Team, das alle Sicherheitssysteme überprüfte, während ich mich konzentrierte und ab und zu den Blick zu Luda schweifen ließ, die von ihrer Position unter der Plattform aus zusah. Ich würde allein sein in der Tiefe und wäre es doch nicht. Über die Vibrationen am Seil würde Marco den Verlauf des Tauchgangs lesen, während Linda und Lotta bereit wären, für mich da zu sein, und Andrea mir mit einem Unterwasser-Scooter bis in 50 Meter entgegentauchen würde, um mich auf dem letzten Stück des Weges zu

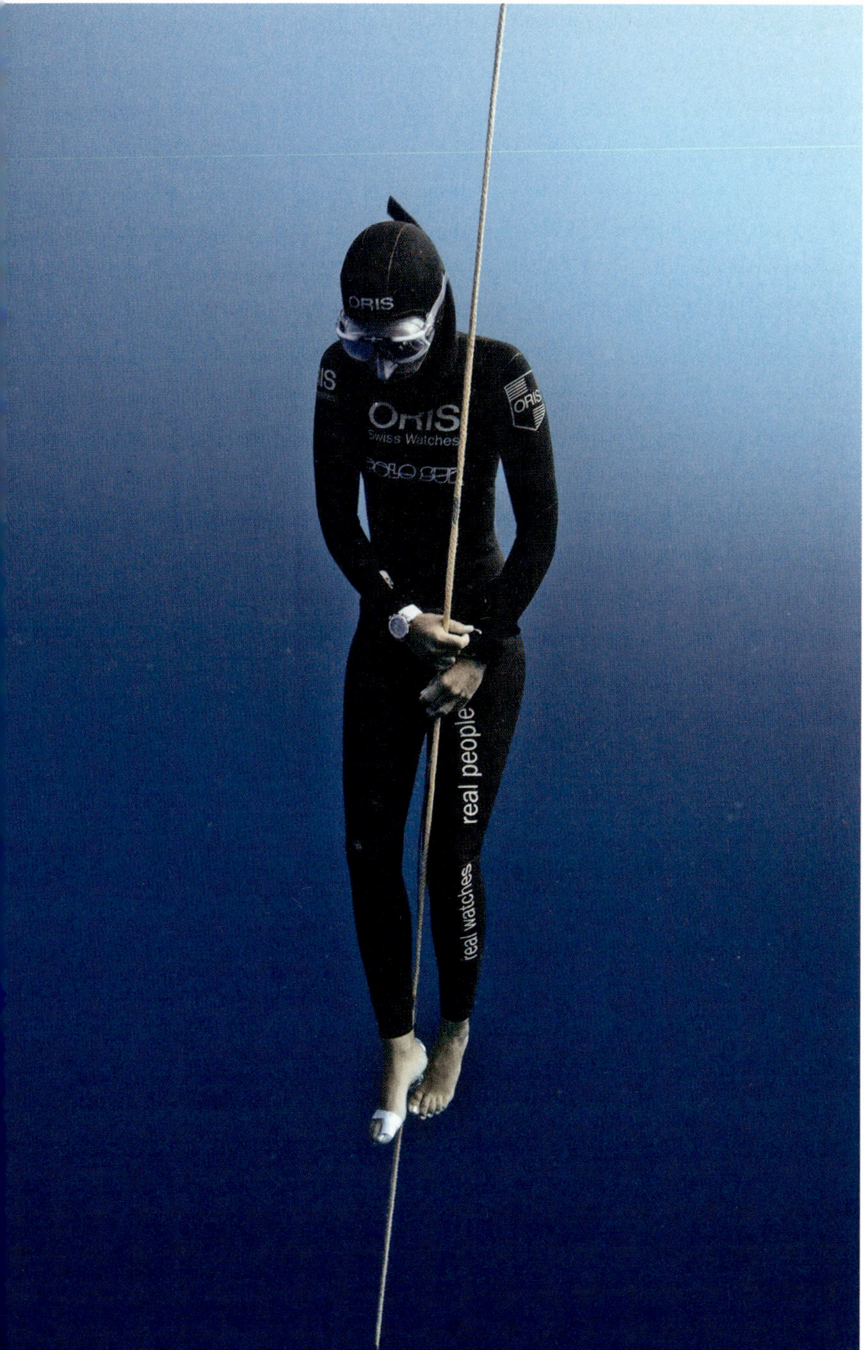

Tiefe Ruhe: Anna von Boetticher nach ihrer Verletzung beim Aufwärmen für den Bronzemedaillen-Tauchgang während der WM in Kalamata 2013.

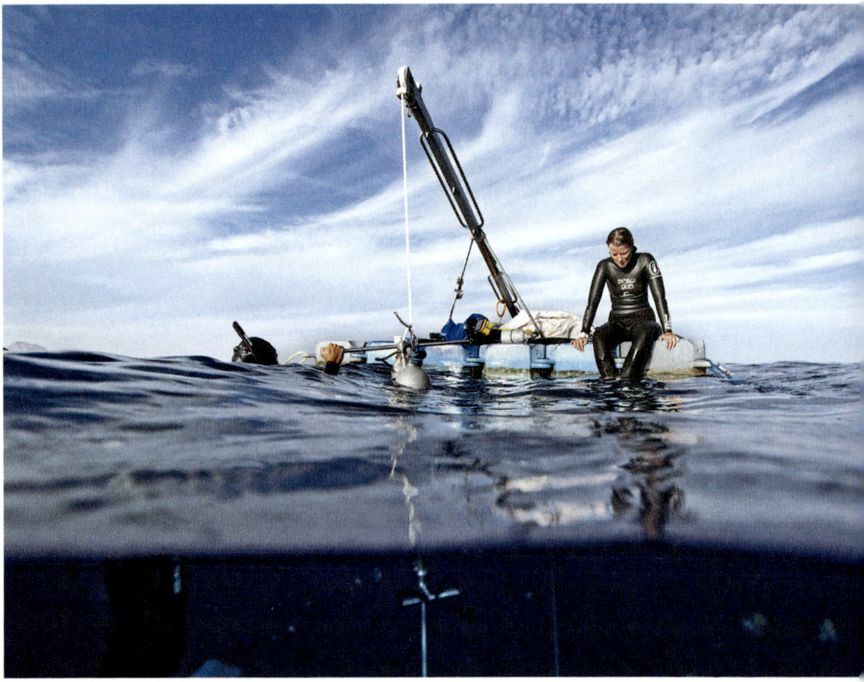

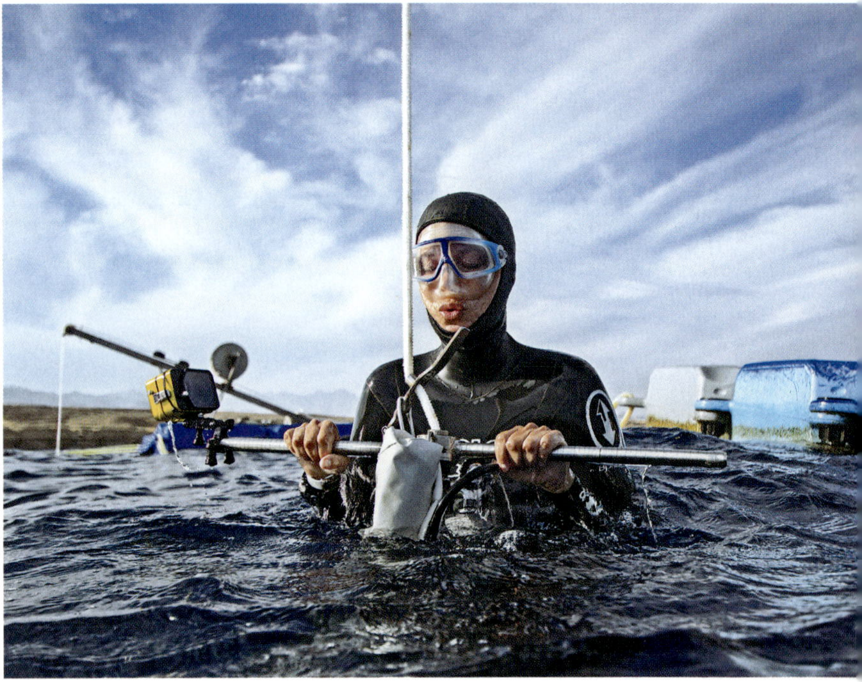

Konzentration: Anna von Boetticher in Sharm el Sheikh, vor dem deutschen Rekord in »No Limits«.

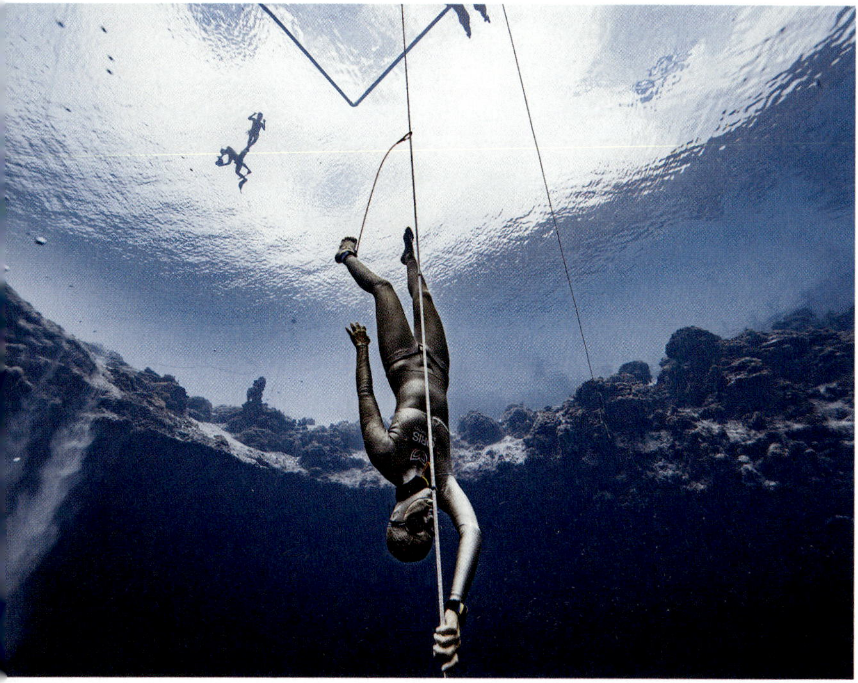

n die Tiefe: Anna von Boetticher auf dem Weg nach unten, in Dean's Blue Hole, ahamas.

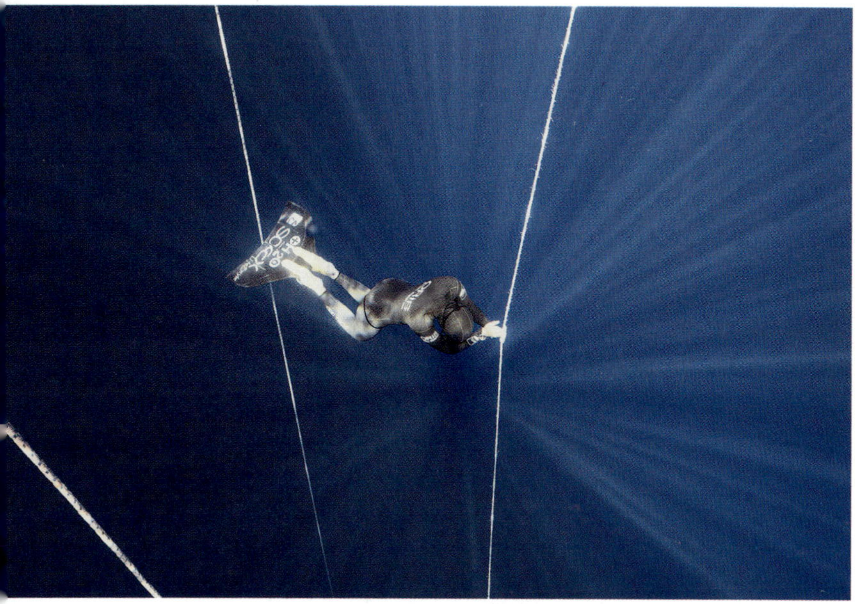

lick nach unten: Geist und Körper müssen bereit sein für die Tiefe.

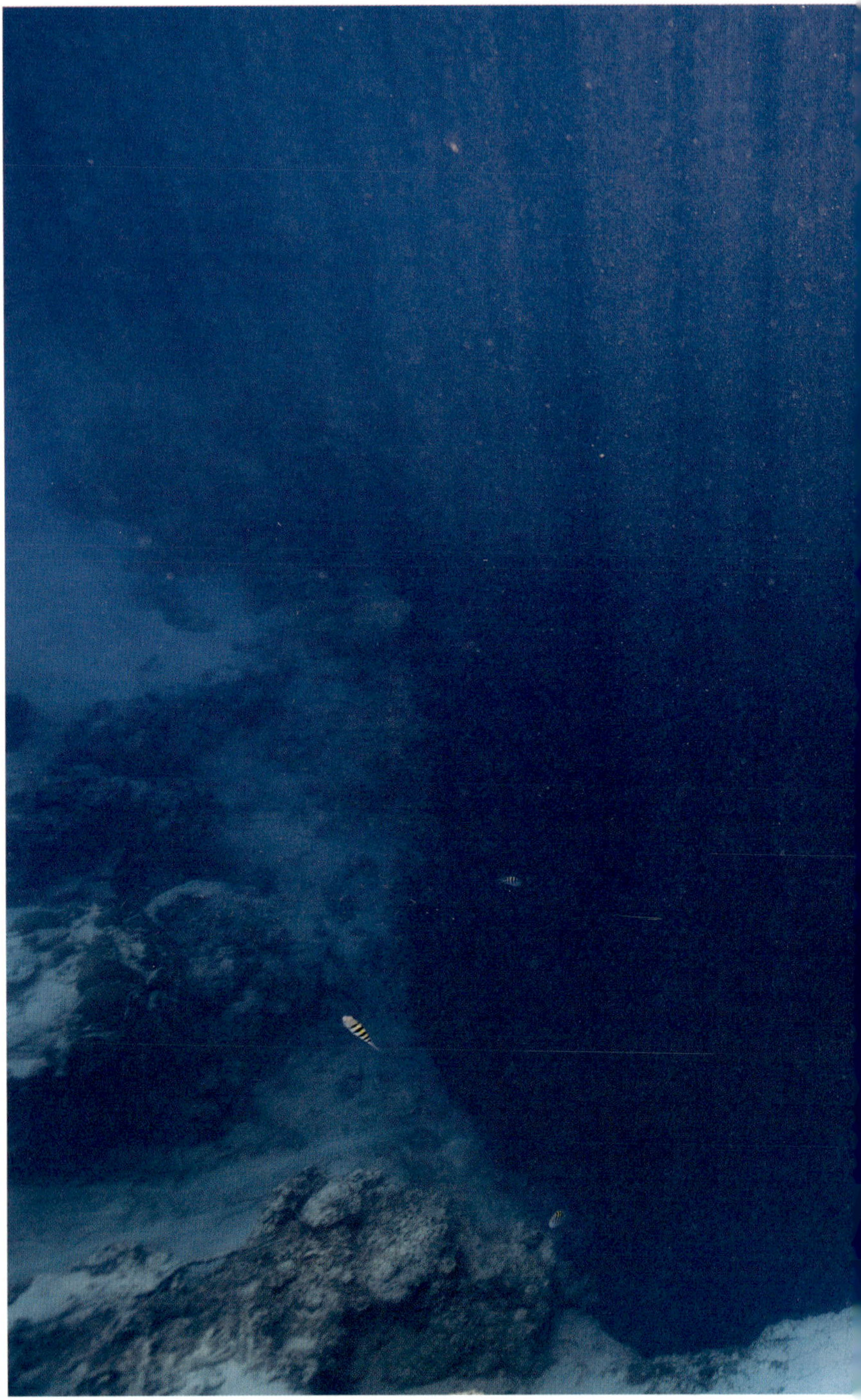

Anna von Boetticher schwebt über Dean's Blue Hole, Bahamas.

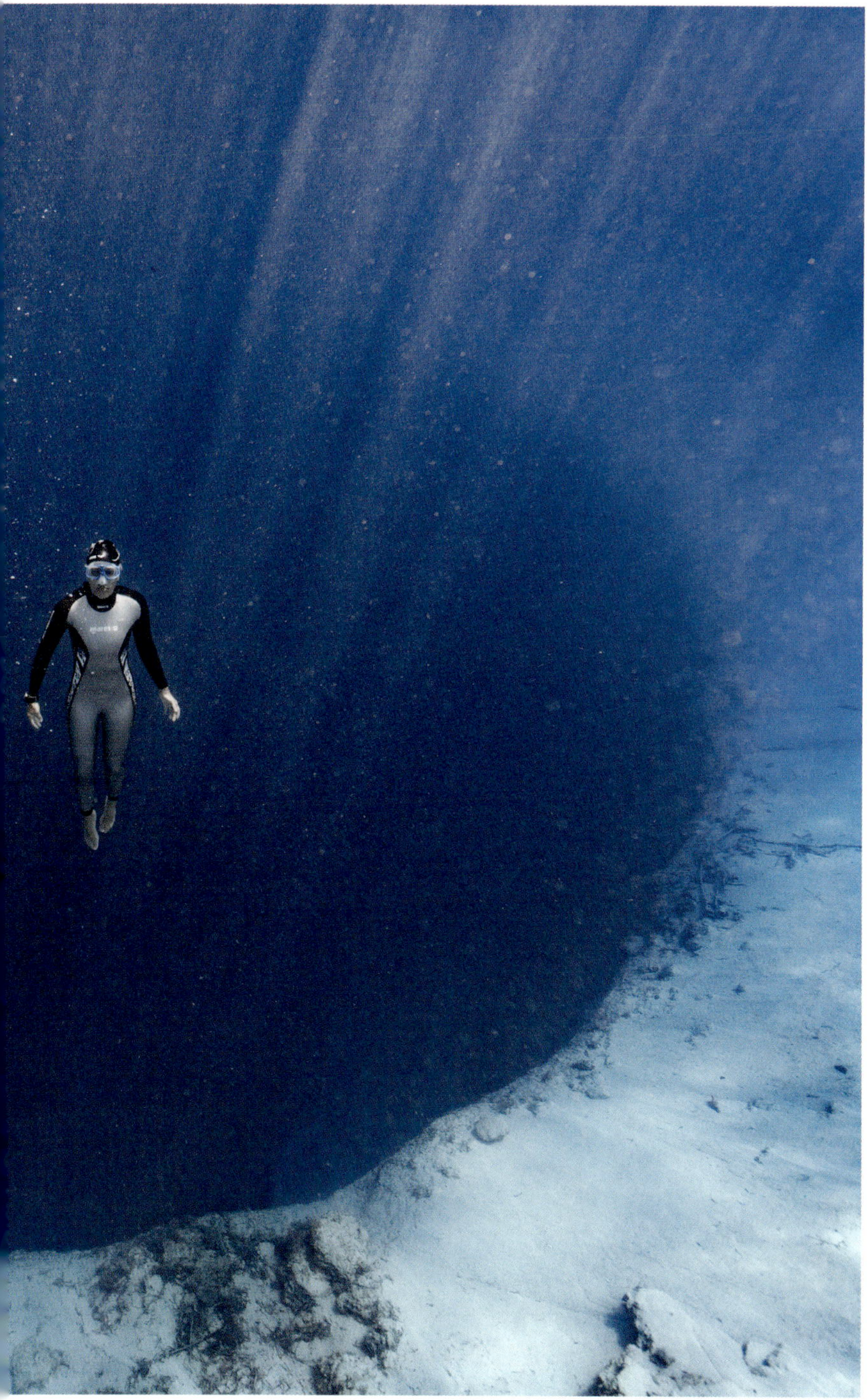

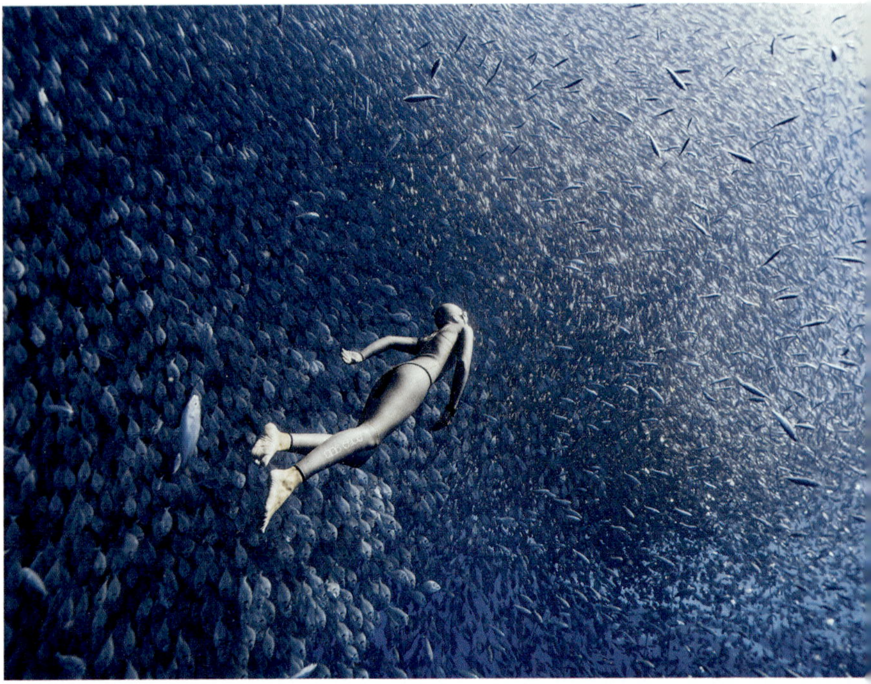

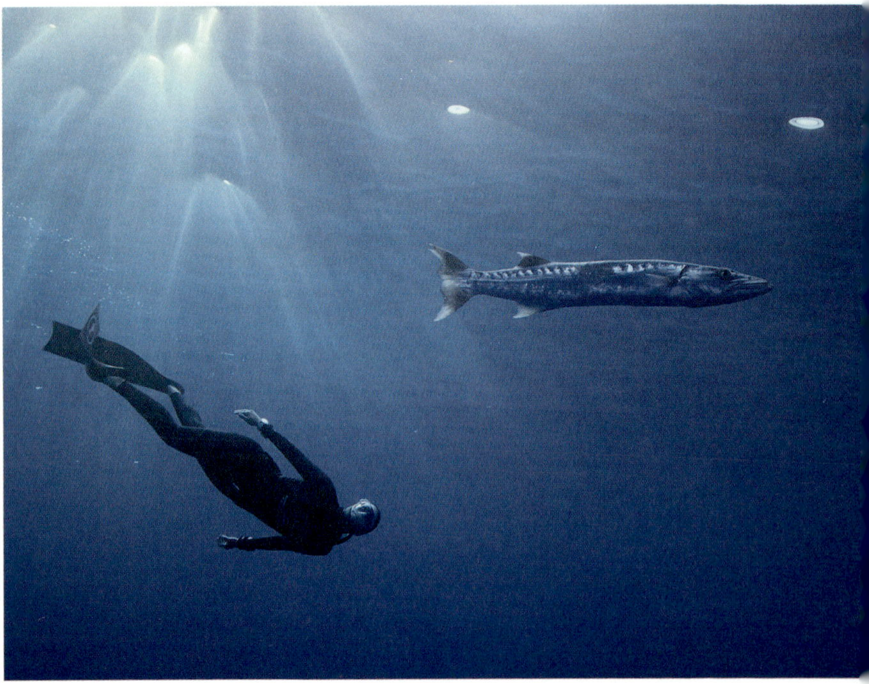

Begegnungen der besonderen Art: Anna von Boetticher, umgeben von Millionen von Fischen. Unten mit Luda, dem Barracuda in Sharm el Sheikh.

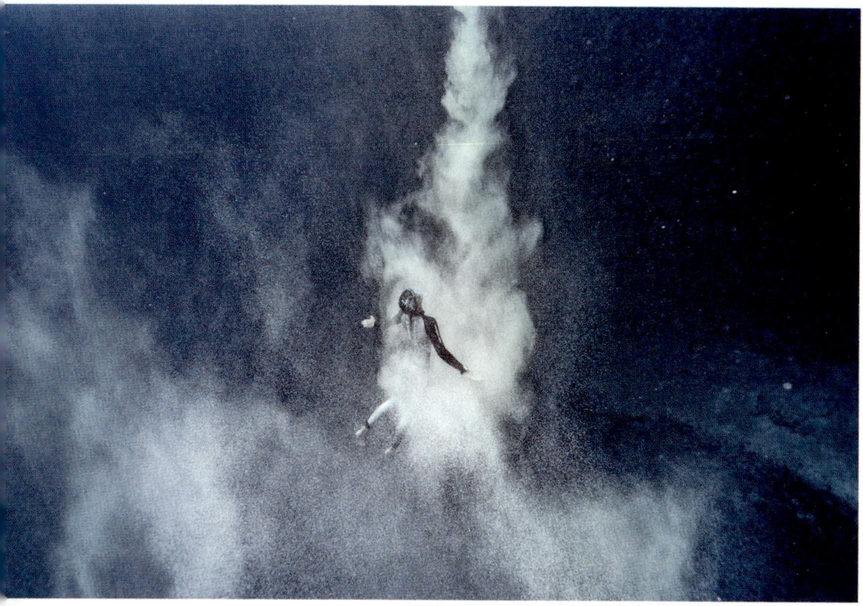

)ie Magie der Tiefe: Anna von Boetticher im Sand, der in Dean's Blue Hole ieselt.

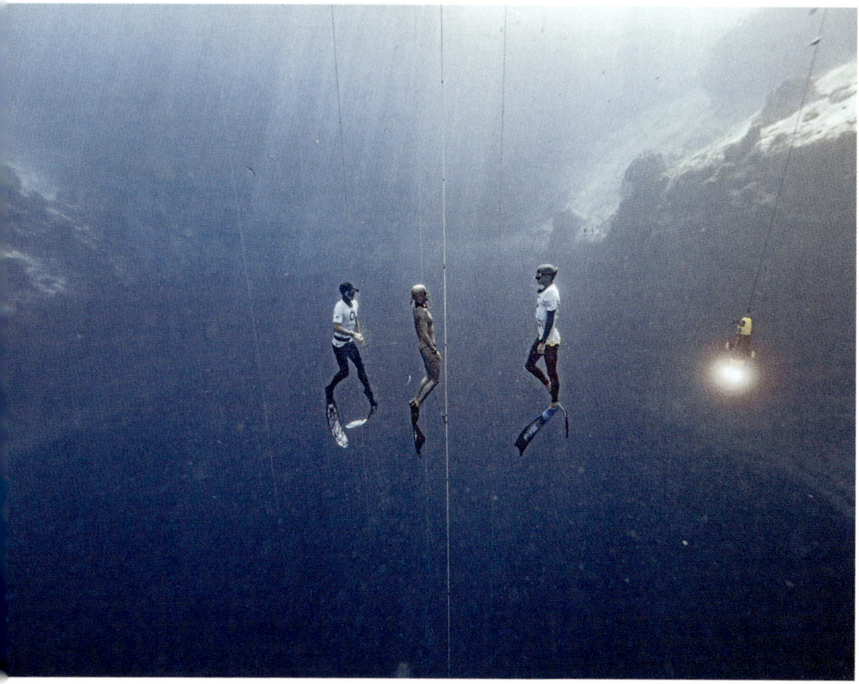

ieteilter Moment: der erste Blickkontakt mit dem Sicherheitstaucher.

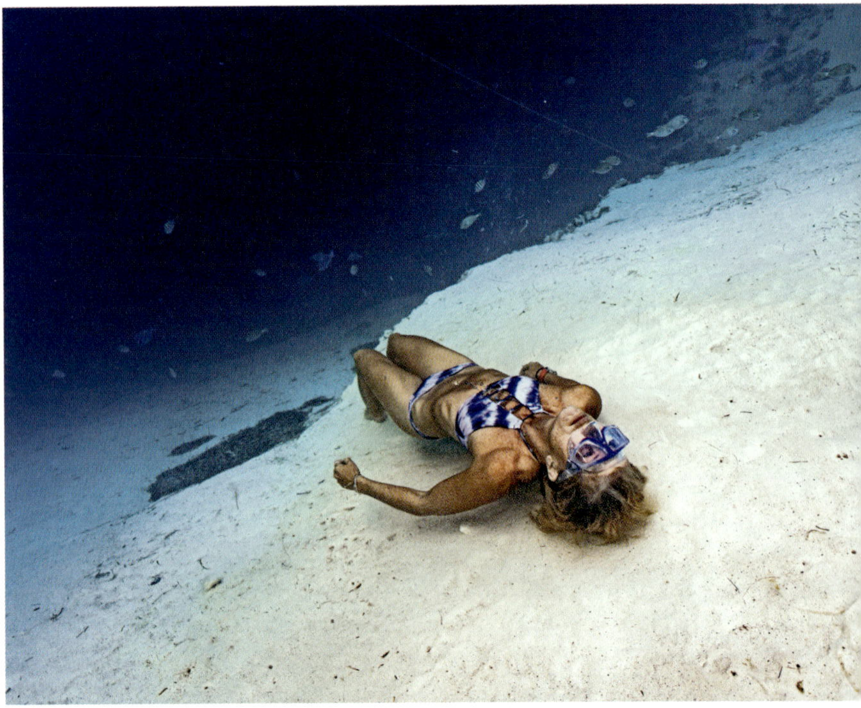

Unter Wasser zu Hause: Anna von Boetticher entspannt am Rand der Tiefe.

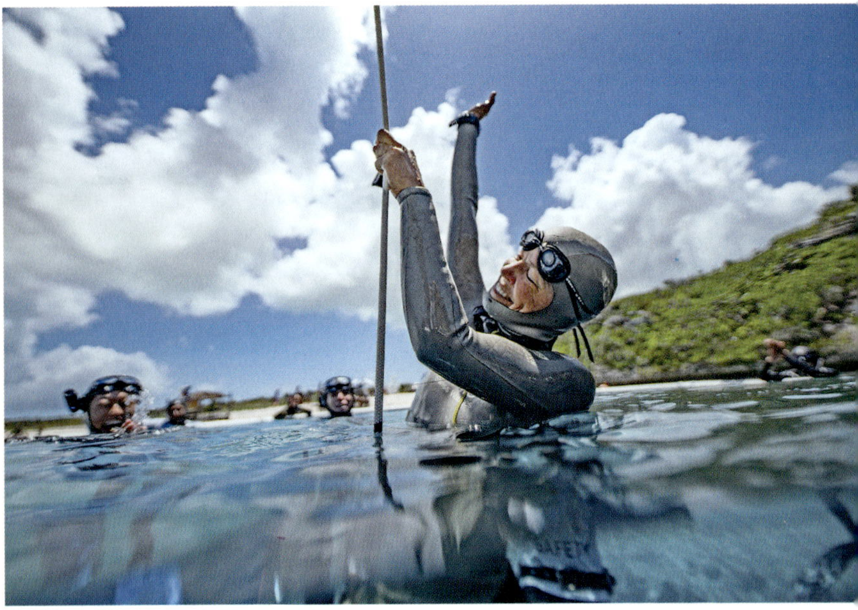

Erfolg macht Freude: Anna von Boetticher nach einem ihrer 33 deutschen Rekorde.

begleiten. Verloren in der unendlichen Weite des Ozeans, spürt man beim Apnoetauchen einerseits intensive Einsamkeit und andererseits die Verbindung zu denen, die einem mit ihren Gedanken nach unten folgen und bedingungslos da sind, um einen auf dem Rückweg willkommen zu heißen. Eine komplexe Kommunikation, die ein zentraler Aspekt des Sports ist und unsere Gemeinschaft prägt.

Endlich war es Zeit für mich, meine Flosse anzuziehen und die Maske aufzusetzen, hoch konzentriert und wortlos. Auf dem Schlitten positioniert, lauschte ich dem Geräusch meines Atems und zwang mich, ihn trotz der Aufregung in den richtigen Rhythmus zu bringen. Marco zählte den Countdown.

»20 Sekunden … zehn Sekunden … fünf Sekunden …«

Ich füllte meine Lunge mit dem letzten Rest Luft und bedeutete ihm mit einem Kopfnicken, dass es losgehen konnte. Mit einem Ruck an der Reißleine löste er den Schlitten, der unter die Wasseroberfläche fiel. Ich war auf dem Weg in die Tiefe.

Ab jetzt wich die Aufregung dem intensiven Fokus. Die Wahrnehmung nach innen gerichtet, galt meine Aufmerksamkeit allein der Bewältigung des Druckausgleichs. Äußere Eindrücke traten zurück und waren doch präsent, ein einzigartiger Zustand in der Sinneserfahrung des Apnoetauchens. Ich spürte das Wasser an meinem Gesicht vorbeirauschen und mit ihm die Geschwindigkeit, hörte das Singen des Schlittens durch die Reibung am Seil, sah hinter meinen geschlossenen Augenlidern die Veränderung des Lichts. Unten, weit entfernt von den Freunden, wäre es ein dunkelblaues Zwielicht. Ich fühlte, wie das Wasser kühler wurde, die warme Schicht der Oberfläche hatte ich hinter mir gelassen. Der Druckausgleich funktionierte perfekt, ich war mir sicher, es würde reichen, da bemerkte ich, dass meine Maske fester auf mein Gesicht drückte als sonst. Schnell verstand ich, dass ich einen Fehler gemacht und nicht genug Luft hineingeblasen hatte, um das entstehende Vakuum zu verhindern, doch es war zu spät, um das zu lösen. Ich kam zu dem Schluss, dass dieses Problem beherrschbar war. Konzentriert setzte ich meinen Weg fort, bis ich die Landung spürte. In 130 Metern, tiefer, als ich je zuvor getaucht war.

Unten versuchte ich, die Augen zu öffnen, doch es gelang mir nicht, denn die Maske hatte sich mit dem Druck verformt und presste auf meine Lider. Macht nichts, dachte ich, legte blind einen Finger auf das Seil und schwamm los. Ich achtete auf meinen Rhythmus, zügig, aber nicht zu schnell, denn der Weg zurück war weit. Ich fühlte mich gut.

Dann, nach dem zehnten Flossenschlag, traf mich wie aus dem Nichts eine riesige Zwerchfellkontraktion. Es war der Atemreiz, ohne Grund, an der falschen Stelle, 100 Meter zu früh. In 120 Metern Tiefe wusste ich: Etwas läuft falsch, so sehr, dass ich in großer Gefahr bin.

»Vielleicht schaffe ich es nicht zurück bis zu Andrea, der mich retten kann« ging mir durch den Kopf. Ein klarer Gedanke, sachlich und emotionslos. In diesem Moment akzeptierte ich, dass ich vielleicht nicht überleben würde.

Ich reagierte mit Ruhe. Wurde langsamer. Bewegte mich gleichmäßig, ohne Stress, trotz des Atemreizes. Ich wusste, ich werde einen Squeeze erleiden, mit jeder Kontraktion in der extremen Tiefe würde Blut in meine Lunge dringen. Meine einzige Chance war, entspannt zu bleiben. In 60 Metern konnte ich ein Auge leicht öffnen und sah Andrea über mir im Gegenlicht, der auf mich wartete.

»Das ist unglaublich«, dachte ich, »du schaffst das, gleich bist du oben.« Abgesehen vom Atemreiz fühlte ich mich gut. Ich spürte keinen Sauerstoffmangel und bewegte mich kontrolliert. Nichts würde mich aufhalten, Licht und Luft zu erreichen. Als ich Andrea begegnete, sah ich meine eigene Sicherheit in seinem Blick. »Jetzt ist alles okay«, war der letzte Gedanke, den ich registrierte.

Dann wurde es schwarz um mich.

Lang hatte Andrea auf mich gewartet, hatte am Seil nach

unten gestarrt und sich gefragt, wo ich blieb, denn ich hatte meinen Rhythmus verlangsamt, als Reaktion auf die Gefahr. Als er mich aus der Tiefe kommen sah, weit weg, unten im Blau, wirkte ich ruhig. Erleichtert machte er sich bereit, mich bis nach oben zu begleiten und den erfolgreichen Tauchgang zu feiern. Als er in meinen Augen das Licht ausgehen sah, überraschte es ihn, denn wir waren tief, in 40 Metern, zu tief für einen Blackout. Er packte mich am Handgelenk und zog mich nach oben, nach wenigen Metern war Marco zur Stelle, dann Linda, gemeinsam brachten sie mich zurück. Sie agierten als Team, selbstsicher und ohne Hast. Die Angst und das Entsetzen würden sie später überfallen – jetzt zählte nur, mich aufzuwecken, aus meinem Traum.

Lotta war es, die mir ihren Atem spendete, mehrfach, während sie mich aus dem Wasser hoben und nach dem Mediziner riefen. Marco kniete neben mir und sprach auf mich ein, er sah, wie mich der Schlaf gefangen hielt. »Anna«, sagte er, immer wieder. »Okay, du bist okay«, bis ich schließlich seiner Stimme folgte, heraus aus der grauen Welt, in die meine Seele geflohen war.

Nachdem ich mich in Lottas Armen zurück ans Tageslicht gearbeitet und der Arzt mich überprüft hatte, nahm ich mir die Sauerstoffmaske ab und fragte: »Was zum Teufel habe ich angestellt?«

»Mach dir keine Gedanken«, antwortete Marco und lachte erleichtert, »das erzählen wir dir später.«

Das Team brachte mich ans Ufer. Ich ging unter die Dusche und grübelte darüber nach, was passiert war, bevor ich mit Andrea zur Druckkammer fuhr. Dr. Ahmed entließ mich nach kurzer Untersuchung in seine Obhut. Abgesehen von einem Rest Blut und Flüssigkeit in der Lunge, ging es mir gut. Froh über den glimpflichen Ausgang bestellten wir Pizza, versammelten uns in meinem Apartment und stellten die Frage nach dem Warum, die uns noch lange beschäftigen sollte.

Auf den Unfall folgte eine Zeit der Ungewissheit. Es gab keine überzeugende Erklärung für meine Probleme. Nichts ergab Sinn. Ich empfand die Situation als äußerst schwierig, denn ohne eine Ursache für den Vorfall zu finden, musste ich damit rechnen, dass es an mir und meiner Autoimmunkrankheit lag. In diesem Fall bestand die Möglichkeit, dass ohne Vorwarnung wieder etwas passieren könnte – ein nicht akzeptables Risiko, das für mich bedeutete, dass ich das tiefe Tauchen aufgeben würde, auch wenn mein Gefühl mir sagte, dass äußere Umstände den Unfall verursacht hatten. Ich glaubte kaum daran, die Wahrheit je herauszubekommen, und versuchte, mich auf das Ende meiner Leidenschaft einzustellen.

Zusätzlich war ich damit beschäftigt, den Vorfall zu verarbeiten, eine Zeit, die ich als äußerst belastend empfand. Ständig kreisten meine Gedanken um den Tauchgang, während mein Unterbewusstsein sich bemühte zu verstehen, was sich zugetragen hatte. Aus den Erzählungen der Freunde setzte sich in meinem Kopf ein Bild zusammen, an das ich mich langsam gewöhnte. Doch jeden Tag erfuhr ich ein weiteres, schlimmeres Detail und musste die neue Vorstellung wieder verarbeiten. Ich kam nicht zur Ruhe. Nach fünf Tagen verlangte ich, die Videoaufnahmen des Unfalls zu sehen. Mit aller Macht versuchten Andrea und Marco, mich davon abzubringen. Sie hatten Angst, mich würden die Aufnahmen zusätzlich traumatisieren, aber ich wollte mich der Realität stellen, so brutal sie auch wäre.

Mit den beiden an meiner Seite sah ich mir an, wie sie mich aus der Tiefe retteten. Ich sah, wie mir Lotta noch im Wasser die lebensspendenden Beatmungen gab, sah rötlichen Schaum aus meinem Mund und der Nase laufen, sah mein Gesicht, bläulich verfärbt. Sah, wie sie mich auf die Plattform zogen und der Arzt mit Herzdruckmassage begann. Sah, wie Marco neben meinem Kopf kniete und mich beim Namen rief, sah, dass ich die Augen geöffnet hatte und atmete, aber ins Nichts starrte, im grauen Nebel zwischen Wachsein und Ohnmacht gefangen. Sah, wie ich mich Lotta überließ und ich den Sauerstoff akzeptierte, und sah, wie die Farbe in mein Gesicht zurückkehrte und die Angst in den Augen meiner Freunde der Erleichterung wich.

»Was zum Teufel habe ich angestellt?«, hörte ich mich fragen und sah mich mit den anderen lachen, als sie den Kopf schüttelten und mir sagten, ich solle mir keine Sorgen machen.

Die Aufnahmen konfrontierten mich mit Bildern, die deutlich schlimmer waren als die Vorstellung, die ich mir gemacht hatte. Sie zu ertragen, war eine extreme Erfahrung. Ich spürte die Sorge meiner Freunde, die alles getan hatten, mich körperlich wie emotional zu beschützen, und die am Ende zulassen mussten, dass ich mich der Wahrheit auf diese Weise aussetzte. Wortlos stand ich auf und ging fort, um eine Weile mit meinen Gedanken alleine zu sein. Während ich meinen Blick über das Meer auf den unveränderten Horizont wandern ließ, fing ich an, mich besser zu fühlen. Endlich wusste ich bis ins Detail, was passiert war. Es war unfassbar hart, mich selbst so zu sehen, und es war unglaublich wichtig, denn es half mir, den Vorfall endgültig zu verarbeiten. Wenn Sie jemals ein ähnliches Erlebnis haben, eines, an dem Ihre Gedanken ständig festhängen, kann ich nur raten: Setzen Sie sich damit auseinander. Fragen Sie diejenigen, die dabei waren, nach den Details – nach allen. Was Sie brauchen, ist Ehrlichkeit. Stellen Sie sich der Realität. Sie werden merken: Es ist sehr schwer, aber es hilft dabei, nach vorne zu gehen.

Selbst mit den Schreckensbildern im Kopf spürte ich keine Angst vor der Tiefe und keinen Rest von Unbehagen. Mit Erlaubnis von Dr. Ahmed und Dr. Adel gingen ich und Andrea ein paar Tage später im goldenen Abendlicht des Sinai ins Wasser. Wir waren allein, das steil in blauschwarze Tiefe abfallende Riff im Schatten des frühen Abends verändert und mysteriös. Lange Zeit lagen wir still an der Oberfläche, bevor wir Luft holten, im Einklang miteinander, wie ich nur mit ihm sein konnte, der 125 Meter mit mir in die Tiefe getaucht war. Er startete den

Scooter, der uns hinunterzog. Ich hielt mich fest, vertraute ihm und gab alles auf. Ich ließ meinen Körper los, ließ die Gedanken über das Riff wandern und spürte die Weite des Meeres. Ohne Hast zogen wir in 20 Metern Tiefe am Steilhang entlang, an den kleinen Fischen vorbei und der Moräne, die immer an der gleichen Stelle aus ihrer Höhle lugt, und schlugen einen weiten Bogen, bevor Andrea uns zurückbrachte, zum Atem und der untergehenden Sonne. Ich wusste, ich würde niemals Angst beim Tauchen spüren und dennoch von der Tiefe Abschied nehmen, wenn sich keine Klarheit über die Gründe des Unfalls finden ließe.

Am nächsten Tag flog ich zurück nach Berlin. Ich hatte sechs Wochen lang Zeit, bevor die Apnoe-Tiefen-WM im griechischen Kalamata stattfinden sollte – ich brauchte dringend Antworten und einen Arzt, der mir bei der Suche helfen und zusätzlich meine Lunge überprüfen würde. Das Schicksal meinte es gut mit mir, denn ich geriet an Dr. Matthias Krüll – ein Pneumologe, Sportarzt, Tauchmediziner und jemand, der mir mit Neugierde und Offenheit begegnete. In seinem überfüllten Arbeitstag nahm er sich, ohne zu zögern, Zeit für mich – nur eine Woche nach dem Unfall saß ich in seiner Praxis und erzählte ihm meine Geschichte.

Ich weiß selbst nicht mehr, wie ich darauf kam, aber ich hatte mir einen älteren Herrn über sechzig vorgestellt. Der Arzt, der mir in seinem hellen Sprechzimmer im Berliner Stadtteil Tempelhof die Hand gab, war jedoch Anfang vierzig, braun gebrannt und sportlich, mit dunklen Haaren. Er hörte mir aufmerksam zu, nickte ein paarmal und sagte: »Ich weiß, warum du ohnmächtig geworden bist.«

Auf meinem Gesicht muss die Fassungslosigkeit zu lesen gewesen sein. In mir schien alles stillzustehen.

»Wirklich?«, sagte ich, ungläubig, aber mit ein wenig Hoffnung in der Stimme.

»Ganz sicher«, antwortete er und beschrieb, wie mir der sogenannte »Augen-Herz-Reflex« zum Verhängnis geworden war. Einfach erklärt bedeutet er, dass der Körper Druck auf die Augen als Gefahr interpretiert, als Überdruck im Kopf, der Schäden anrichten könnte. Er versucht, ihn loszuwerden, indem er die Herzfrequenz immer weiter absenkt, bis zur Ohnmacht, in extremen Fällen bis zum Herzstillstand. Die Maske, in die ich nicht genug Luft geblasen und die sich daraufhin verformt und mir auf die Augen gedrückt hatte, hatte den Reflex ausgelöst. Matthias sagte mir, es käme einem Wunder gleich, dass ich in dieser Situation bis auf 40 Meter zurückgeschwommen war. Der leiseste Anflug von Panik hätte mir meine restliche Energie genommen – ich wäre in noch größerer Tiefe ohnmächtig geworden. Gerettet hatten mich die Fähigkeit, in der Gefahrensituation meine Reaktion zu kontrollieren, und die hohen Sicherheitsstandards, unter denen wir arbeiteten.

Bis heute bin ich Matthias dankbar, denn nun wusste ich: Es war ein Unfall, in dem ein winziger Fehler zu einem großen Problem geführt hatte, ein Problem, das lösbar war. Es lag nicht an mir.

»Aber nein heißt auch nein«, sagte er streng, als er mir die Hand gab, denn er hatte mir ein CT der Lunge verordnet und würde mir erst grünes Licht für die WM geben, wenn er sicher war, dass alles stimmte. Bis heute vertraue ich mich ihm für den jährlichen Tauch- und sportmedizinischen Gesundheitscheck an, denn ich weiß, er wird mir klar sagen, wenn ich nicht tauchen sollte, aber alles tun, um es mir zu ermöglichen.

Wenige Tage später war ich auf dem Weg zur WM. Nach dem Drama des Unfalls freute ich mich darauf, das Wasser zu genießen und Freunde zu sehen, und nahm mir nichts weiter vor, als 30 bis 40 Meter tief zu tauchen, um meinem Körper und Geist zu erlauben, zurück zur Schönheit des Meeres zu finden.

Doch wie so oft hatte das Leben eigene Pläne für mich.

Noch am Tag meines Unfalls begannen die Spekulationen in den verschiedenen Internetforen für Apnoetaucher. Eine Lawine von Anfeindungen brach über mich herein, denn zu dieser Zeit war in der Szene eine heftige Diskussion um das Schlittentauchen entbrannt. Man versuchte zu erwirken, dass diese Disziplinen abgeschafft und nicht mehr vom Dachverband anerkannt wurden, und nutzte meinen Unfall zur Argumentation. Ich hatte bewusst wenige Tage nach dem Unglück die Details des Vorfalls veröffentlicht, denn ich bin der Ansicht, dass absolute Offenheit im Umgang mit solchen Unfällen enorm wichtig ist, auch wenn man nichts lieber möchte, als sich zu verstecken. Nur mit ehrlichem Austausch und dem Teilen sämtlicher Fakten können wir in der Gemeinschaft lernen, eine Wiederholung der Fehler zu verhindern. Währenddessen war ich selbst noch damit beschäftigt, das Geschehene zu verarbeiten. Die unverhältnismäßige Hetze, die mich vollkommen unvorbereitet traf, war eine große zusätzliche Belastung, der ich kaum gewachsen war.

Auf dem Höhepunkt der Diskussion traf ich zur WM in der griechischen Hafenstadt ein. Ich wusste, dass man über mich spekulierte, doch außer meinen Freunden fragte mich niemand direkt, was passiert war, eine Atmosphäre, die mich enorm unter Druck setzte, denn ich hatte das Gefühl, etwas beweisen zu müssen – direkt im Anschluss an einen Unfall eine katastrophale Grundlage, um wieder ins Wasser zu gehen. Eine Zeit lang fühlte ich mich von dieser Stimmung so beeinträchtigt, dass ich überlegte, ob ich unter diesen Umständen am Wettkampf teilnehmen wollte. Doch die Bedingungen in Kalamata waren außergewöhnlich gut, das Meer jeden Morgen spiegelglatt und mit einer Temperatur von 27 Grad ungewöhnlich warm.

Ich sehnte mich danach, ins Wasser zu gehen, und dachte darüber nach, was für mich zählte. Warum sollte das Gerede meine persönliche Haltung beeinflussen? Bewusst besann ich mich auf meinen ursprünglichen Plan: mit Freunden herausfahren und das Licht der Tiefe genießen. In dem Moment, in dem ich diese Entscheidung getroffen hatte, gelang es mir, den Ärger von mir abprallen zu lassen.

Zu allem Überfluss hatte ich mir eine Erkältung eingefangen, so dass ich nur reduziert trainieren konnte. Doch nach den vielen tiefen Tauchgängen auf dem Schlitten war ich so gut an die Tiefe angepasst wie nie zuvor. Wenn ich mich auf meine Stärken konzentrieren und alles andere hinter mir lassen könnte, wäre ich zu Höchstleistungen fähig. Mit dieser Entschlossenheit und dem Wissen um die Unterstützung meiner Freunde kündigte ich eine neue Bestleistung in Free Immersion an, der Disziplin, in der sich der Taucher am Seil hinunter- und wieder nach oben zieht. Ich wollte 71 Meter wagen.

Am Tag des Wettkampfs hatte ein Wetterumschwung über Nacht für große Wellen gesorgt und mit heftigem Regen die Sichtweite von 40 auf sechs Meter reduziert. Die Oberflächentemperatur war von 27 Grad auf 19 Grad gefallen. Am Himmel hingen schwarze Wolken, und ein kräftiger Wind kühlte uns schon im Boot aus. William Winram fuhr mit mir hinaus, um mir zu helfen. Die übliche Nervosität nahm ich diesmal wie aus großer Ferne wahr, denn der bewusste Entschluss, auf meine Art zu tauchen und mich nicht ablenken zu lassen, löste ein Gefühl von enormer Klarheit in mir aus. An der Leine eingehakt, hatte ich nur den einen Gedanken: Das hier ist mein Tauchgang. Ich habe ihn gewählt.

Wenige Meter nach dem Abtauchen wurde das Meer ruhig, ich spürte die Wellen nicht mehr, doch die Stimmung war finster und härter als zuvor, das Wasser in der Ferne schwarz statt tiefblau. Die Sprungschichten, die entstehen, wenn Wasserschichten von unterschiedlicher Temperatur übereinanderliegen, waren eisig und scharf abgesetzt, doch sie berührten mich nicht, nichts brachte mich aus dem Konzept. Ich empfand die seltsame Düsternis der Tiefe als faszinierend. Das Meer hatte nichts von der Idylle eines Griechenlandurlaubs. Ursprünglich und wild, war es eine Naturgewalt, in der man nur dann einen Platz fand, wenn man bereit war, die Schönheit der rauen Umgebung zu sehen. An meine Erlebnisse im dunklen Bodensee erinnert, fühlte ich mich zu Hause. In diesem Moment wusste ich, dass ich meine Stärke im Wasser nicht verloren hatte.

Zurück an der Oberfläche, wurde ich von den Schiedsrichtern und Sicherheitstauchern mit großem Beifall empfangen. Erst später verstand ich, warum sie so euphorisch reagiert hatten: Nach acht Athleten an der Wettkampfleine war ich die Erste, die es geschafft hatte. 60 Prozent der Männer und 50 Prozent der Frauen versagten unter den schwierigen Bedingungen. Ich dagegen hatte mich wiedergefunden und holte entgegen allen Erwartungen unter größtem Druck eine Bronzemedaille. Als wir von der Leine wegschwammen, sagte Will zu mir: »Das war dein *Fuck you*-Tauchgang!« Ich musste grinsen.

Wenn alles so läuft, wie man es sich wünscht, ist es leicht, gut gelaunt, zielstrebig und selbstsicher zu sein. Doch wer eine Leidenschaft lebt oder eine Tätigkeit auf hohem Niveau ausübt, der weiß: Es macht nicht immer Spaß. Es ist eine Qual, es ist frustrierend, es ist harte Arbeit. Ich bin in letzter Sekunde krank geworden, habe vor einem wichtigen Trainingstauchgang vergessen, meine Maske aufzusetzen, den Schnorchel fallen lassen und den Anzug zerrissen, bevor ich frustriert nach wenigen Metern umdrehen musste. Ich habe Wettkampftauchgänge abgesagt, weil meine Familie mich brauchte, habe den einen Weltrekordversuch mit einem Unfall vermasselt und den anderen bei schlechtem Wetter abgebrochen, habe Technik verlernt, die ich sicher zu beherrschen glaubte, und festgestellt, dass mich die Atmosphäre an manchen Orten belastet und ich nicht mit allen Freunden gut tauchen kann. Ich kämpfe immer wieder neu darum, einen Weg zu finden, mich zu verbessern, und verfluche ebenso oft die Hürden, die ich dabei erzeuge, und die Herausforderungen, die ich mir selbst suche.

Um vorwärtszukommen und etwas wirklich zu beherrschen, muss man lernen, die schlechten Tage zu ertragen. Das ist nicht einfach, denn wir haben uns an ständiges positives Feedback gewöhnt und sind süchtig nach Erfolgserlebnissen. Frust, Langeweile und Rückschläge halten wir schwer aus. Doch das Überwinden von Hindernissen macht das Erlebte erst recht interessant. Über keinen Sieg freuen wir uns so wie über den, den wir uns hart erkämpft haben. Es waren keine überdurchschnittlichen körperlichen Merkmale, die mich in der Tiefe retteten und die mir während der WM trotz allem zum Erfolg verhalfen, sondern allein die Fähigkeit, unter Druck die Kontrolle über mein Handeln zu behalten.

Wenn ich von meinen Abenteuern erzähle, höre ich häufig: »Ich könnte nie so die Ruhe bewahren.« Doch ich habe keine außergewöhnlichen Fähigkeiten. Die Kraft, sich auch in größten Schwierigkeiten nicht überwältigen zu lassen, trägt jeder von uns in sich. Wenn Sie sich in einer Situation überfordert fühlen, halten Sie inne. Besinnen Sie sich klar darauf, wer Sie sind, was Sie können und wie Sie handeln möchten. Dann gehen Sie mit Ruhe und Sicherheit vorwärts und lassen sich nicht beirren. Und wenn Sie jemals in einer Gefahrensituation sind und spüren, wie die Panik in Ihnen aufsteigt, sagen Sie sich:

»Ich habe das Steuer in der Hand, und ich bestimme, wo es hingeht und auf welche Weise.«

Lösen Sie Ihre Situation gezielt, bewusst und niemals fremdgesteuert.

KAPITEL 5:
FREUNDSCHAFT

Zwei sind dreimal so gut

»Ich kann einfach keine Nudeln mehr sehen«, sagte Liv, »egal, ob sie gut für den Tauchgang morgen sind – ich will keine Nudeln mehr, ich will nicht! Findest du, dass ich trotzdem Nudeln essen sollte?«

»Nein«, sagte ich, »finde ich nicht.«

Liv saß mir am Küchentisch des hellgelb gestrichenen Holzhauses gegenüber, das für einen Monat unser Zuhause auf der kleinen Bahamas-Insel Long Island war. Auf ihrem verwaschenen T-Shirt riss Usain Bolt im Sieg den Arm nach oben. Nach drei Wochen täglichem Kontakt mit Salzwasser und Sonne waren ihre Haare verwuschelt, und sie hatte die Bräune eines Freitauchers: Hände und Gesicht waren dunkler als der Rest des Körpers, den wir unter einem Neoprenanzug verbergen. Wir waren hier, um am Wettkampf »Vertical Blue« teilzunehmen, in dem sich jedes Jahr die besten Apnoesportler über neun Tage miteinander messen. Wir hatten intensiv trainiert. Am nächsten Tag war meine Freundin an der Reihe.

Überrascht hielt sie inne. Mit dieser Antwort hatte sie nicht gerechnet. Sie war davon ausgegangen, dass ich sie überreden würde, allein an ihre Leistung zu denken. Doch ab und zu ist die Aufgabe eines Trainingspartners auch, einem zu helfen, die Dinge nicht so ernst zu nehmen.

»Nicht?«, fragte sie mich ungläubig.

»Nein«, sagte ich. »Du kannst essen, was du willst.«

»Auch Rice Crispies? Meinst du, ich kann Rice Crispies zum Abendbrot essen?«

»Klar«, antwortete ich und holte die Milch aus dem Kühlschrank. »Du bist die beste Freundin aller Zeiten«, sagte Liv wenig später, während sie eine riesige Portion Rice Crispies in sich hineinschaufelte. Ich beobachtete sie dabei und freute mich über ihre gute Laune. Manchmal ist es besser, sich wohlzufühlen, als exakt das Richtige für den Sport zu tun, und Spaß zu haben manchmal wichtiger als die maximale Konzentration auf das Ziel. Für einen Athleten ist es jedoch schwer, diese Momente zuzulassen. Gerade dafür braucht man Freunde, die einem nahe genug sind, um zu wissen, was man denkt und fühlt und wie sie einen in den verschiedenen Stadien des Wettkampf-Stress am besten unterstützen. Diese Art von Vertrauen ineinander zu pflegen ist eine der wichtigsten Elemente des Freitauchens, und eines seiner schönsten.

Im Apnoesport haben Freunde einen außergewöhnlich großen Anteil an unserem Erfolg. Training und Wettkämpfe sind mit langen Aufenthalten im Ausland verbunden, häufig an abgelegenen Orten, an denen es kaum etwas zu tun gibt. Dort teilen wir nicht nur die Zeit an der Leine miteinander, sondern Ferienhäuser, Hotelzimmer, Zelte, Mahlzeiten und rostige Mietautos. Apnoetauchen findet nicht allein im Wasser statt, sondern zu großen Teilen vor und nach dem eigentlichen Training. Man braucht Freunde, um über einen misslungenen Tauchgang zu jammern, um zu überlegen, wie man seine unlösbar scheinenden Probleme überwindet, und um einen Schlachtplan für Wettkämpfe zu entwerfen. Freunde, die uns Neoprenkleber für den zerrissenen Anzug leihen und die uns, wenn wir uns etwas Idiotisches vorgenommen haben, sagen, dass wir den nächsten Schritt noch einmal überdenken sollten.

Unser Umfeld und die Energie, die uns vor und nach dem Tauchen umgibt, haben großen Einfluss darauf, ob wir im Wasser gut gelaunt und entspannt sind, vor allem, wenn wir mit Hindernissen zu kämpfen haben. Nichts nimmt einem den

Druck so wie Freunde, die mit einem lachen, nach dem Training Kaffee und abends auch mal ein Bier trinken, den ewigen Haferbrei am Morgen mit einem teilen und nicht denken, dass man vollkommen irre ist, wenn man auf dem Hotelbett die Luft anhält. Sie kennen einen in Höhen und Tiefen, wissen, wie man drauf ist, wenn man mit höllischer Aufregung kämpft, wissen, wie man aussieht, wenn man es vermasselt hat, und dass sie einen retten müssen, wenn man auf der Siegesfeier auf dem Tisch tanzt.

Egal, ob im Wasser oder an Land, ob beim Tauchen oder dem Drumherum, das dazugehört, sie sind mit ganzem Herzen für einen da – eine Haltung, die den Kern der ungewöhnlich offenen Beziehung bildet, die Freitaucher zueinander haben. Die richtigen Menschen zu finden, mit denen man sich umgibt und zum Training geht, ist enorm wichtig und etwas, das viele unterschätzen.

Ein Apnoetauchgang ist eine große Belastung. Obwohl man maximal zwei Stunden im Wasser ist und vielleicht nur ein paar Minuten wirklich tief taucht, sind die physiologischen Veränderungen so extrem und ist die mentale Anstrengung so groß, dass man den Rest des Tages ausruhen muss. Nach zwei oder drei Trainingstagen braucht man in der Regel eine Pause. Aus diesem Grund haben Apnoetaucher viel Leerlauf und sind immerzu mit Essen, Nichtstun und Kaffeetrinken beschäftigt. In dieser Zeit unterstützt man sich ohne Vorbehalte. Zu erkennen, wie es jemandem gerade tatsächlich geht und was er am meisten braucht, ist eines der größten Geheimnisse einer Apnoetaucher-Freundschaft und etwas, das mir besonders am Herzen liegt, denn es ist eine der schönsten Qualitäten, die wir aus dem Sport mit in unser restliches Leben nehmen.

Liv Philip ist Engländerin und eine der besten Taucherinnen der Welt, die mit ihrer enormen inneren Stärke hervorsticht. Sie ist auf eine magnetische Weise attraktiv, cool und gelassen.

Ihre Natur ist es, sich um andere zu kümmern, und ihr Fehler manchmal, sich selbst dabei zu vergessen.

Seit einigen Jahren teilen wir immer wieder unsere Abenteuer miteinander, unterstützen uns gegenseitig und wohnen bei Wettkämpfen zusammen, wie bei der zweiten WM, die in Kalamata stattfand, zwei Jahre nach meinem Unfall. Diesmal war ich äußerst gut vorbereitet und in bester körperlicher Verfassung und freute mich darauf, mein Potenzial auszuschöpfen. Doch wie so oft kam es anders, und wir hatten dort beide eine schwierige Zeit.

Liv war nach einer Phase mit harter Arbeit und kaum Training mit einem Schnupfen angereist, der sie in der Vorbereitung blockierte, und ich hatte mir zehn Tage vor dem Wettkampf meine fünf Kilogramm schwere Monoflosse auf den Fuß fallen lassen – dazu später mehr. Jedenfalls fügte mir die schmale Kante einen Schnitt bis auf den Knochen zu, der genäht werden musste und mir das Tauchen verdarb. Mit vereinten Kräften hielten Andrea, der Chef des Sicherheitsteams war, und Liv mich davon ab, mich trotzdem in die Flosse zu zwängen und ins Wasser zu stürzen. An Land zu bleiben war die Hölle, aber wir brauchten beide Ruhe. Wir trösteten uns mit einem Bummel durch Kalamata, bei dem wir ein Geschäft mit unvorstellbaren Partykleidern entdeckten. Leopardenmuster in Pink und jede Menge Strass – alles war dabei. Kichernd schlugen wir uns gegenseitig Outfits vor, ein Spaß, der in einem Pakt endete: Wenn einer von uns trotz aller Widrigkeiten eine Medaille holen sollte, würde der andere etwas aus diesem Geschäft aussuchen, das der Medaillenträger zur Siegerehrung anziehen müsste. Doch realistisch gesehen war diese WM unter den ungünstigen Umständen für uns beide mehr oder weniger gelaufen.

Trotz allem waren wir guter Laune und verbrachten viel Zeit damit, die besten Strategien zu entwickeln und uns auf unsere Stärken zu konzentrieren. Diese positive Stimmung ermöglichte, womit wir nie gerechnet hätten: Am ersten Wettkampftag holte Liv die Bronzemedaille in der Disziplin »Tieftauchen ohne Flossen«, am letzten gewann ich wieder einmal Bronze in »Free Immersion«. Während wir ungläubig im Wasser schwammen und versuchten zu verstehen, was passiert war, freute sich die Sicherheitscrew darauf, uns abends zur Siegerehrung in unmöglichen Outfits zu begrüßen. Von Lachanfällen geschüttelt, suchten wir zwei Leopardenprint-Overalls füreinander aus, in denen wir am Abend unsere Medaillen in Empfang nahmen – ein Auftritt, der uns beiden mehr wert war als die Medaillen an sich.

Über die Jahre im Wettkampfsport habe ich gelernt, darauf zu achten, mit welchen Menschen ich mich in der Trainingszeit umgebe. Man muss erkennen, wer bei einem Vorhaben zu einem passt und wer ein Freund für andere Zeiten ist. Fast jeder hat diese Situation bereits erlebt – voller Vorfreude plant man mit jemandem einen Urlaub, nimmt sich eine Bergtour vor oder geht ein gemeinsames Projekt an, nur um dann festzustellen, dass man mit dem anderen auf dieser Ebene überhaupt nicht harmoniert.

Einen Trainingspartner nur danach auszuwählen, dass die Unterkunft günstiger wird, wenn man sie teilt, ist aus meiner Sicht ein Fehler. Man darf den Einfluss, den das direkte Umfeld auf einen hat, nicht unterschätzen. Wir alle investieren kostbare Zeit, Geld und Herzblut in unsere Pläne. Ich möchte nicht, dass falsche Energie meinen Wettkampf beeinträchtigt, und setze alles daran, dafür möglichst ideale Bedingungen zu schaffen. Wären Liv und ich nicht in der Lage gewesen, trotz des Schlamassels, in dem unsere WM zu stecken schien, eine positive Stimmung untereinander zu erzeugen und aufrechtzuerhalten, wäre keine von uns beiden erfolgreich gewesen. Es ist nicht selbstsüchtig, sich die Leute, mit denen man sich auf ein Vorhaben einlässt, vorsichtig auszusuchen.

Dabei geht es nicht nur darum, ob jemand ein guter Freund

ist, sondern auch darum, ob man sich in seinen Vorstellungen ergänzt. Man muss lernen, den anderen einzuschätzen, ohne ihn zu bewerten. Funktionieren wir auf ähnliche Weise? Sind uns die gleichen Dinge wichtig? Wenn einer der Partner beim Bergsteigen unbedingt so schnell wie möglich auf dem Gipfel sein möchte, weil er die sportliche Herausforderung sucht, der andere sich aber eine gemütliche Tour mit vielen Pausen zum Fotografieren wünscht, wird die Stimmung schon nach kürzester Zeit nicht die beste sein. Ein feines Gespür für die Menschen zu entwickeln, die unsere Erlebnisse bereichern, ist eine wichtige Fähigkeit für langfristige Zufriedenheit und Erfolg.

Apnoetaucher sind eine interessante Gemeinschaft, wenn es um die Freundschaften untereinander geht, denn sie sind ungewöhnlich offen. Da der Sport in großem Maße davon abhängt, inwieweit man sich ehrlich und ohne etwas zurückzuhalten auf den Tauchgang einlässt, ist es kaum möglich, sich zu verstecken. Man sieht die Nervosität des anderen, sieht seine Schwäche und die Enttäuschung, wenn es ihm nicht gelingt, eine Barriere zu überwinden. Man sieht, wenn er die Grenze erreicht hat, ist da, wenn ihm dämmert, dass er gerettet werden musste, und da, wenn ihm das peinlich ist. Man weiß, dass es nur erträglich ist, weil er Freunde um sich hat und er es aushält, sie sehen zu lassen, wie er hadert und zweifelt. Man ist da, wenn ihn die Tiefe mit einem Schreck im Sprint nach oben jagt, und man ist ebenso dabei, wenn er mit einem Lächeln durch das klare Wasser gleitet, ein besonderer Moment, der umso besser ist, weil man ihn teilt.

Man freut sich gemeinsam, wenn das Auto voll Sand ist und nach nassem Neopren und Proteinshakes riecht und man mit offenen Fenstern durch die Schlaglöcher holpert, weil man weiß, dass es zum Tauchen geht. Man versteht, dass einer fest glaubt, nur mit Ingwer-Zitronen-Tee tauchen zu können, und deshalb mit Ingwerknollen durch die Welt fliegt, und man diskutiert endlos darüber, ob es besser ist, einen Bikini unter dem

Anzug zu tragen oder nicht, und wenn ja, welchen. Und wenn es richtig schiefläuft, dann trinkt man ein Bier und sagt »macht nichts«, weil das das Beste ist, wenn man vor der Wand steht und nichts funktioniert.

Bei alldem weiß man nicht, welches Auto der andere fährt und ob er immer eine Krawatte zur Arbeit trägt oder manchmal nur ein Hemd und welche Jobs er schon hatte und ob seine Karriere läuft. Weil das gar nicht wichtig ist. Man weiß aber, ob er hier besser schläft als zu Hause, und ob die Familie und Freunde ihn unterstützen oder denken, er sei verrückt, und Angst um ihn haben. Man sieht die Essenz des Menschen, denn man sieht, wie er sich bei Nervosität, Frustration und Rückschlägen verhält und, vielleicht am wichtigsten, bei Erfolg.

In der Naturgewalt der Tiefe, die uns auf unsere Urinstinkte reduziert, können wir uns nicht verstecken. Aus dieser Klarheit entstehen enge Beziehungen. Apnoe ist ein Sport, der von den gemeinsamen Erlebnissen und der sozialen Bindung lebt, die wir miteinander eingehen. Dabei erfährt man einen extremen Kontrast. In der Tiefe ist man allein, weit weg, wie ein Astronaut bei einem Raumspaziergang. Man ist unerreichbar. Doch gleichzeitig ist man aufs Engste miteinander verbunden, denn man vertraut den anderen sein Leben an und teilt Erfahrungen miteinander, die sich kaum in Worte fassen lassen.

Die meisten von uns üben mit großer Leidenschaft und vollem Einsatz einen Sport aus, bei dem man für seine Unterkunft, Flugtickets, Ausrüstung, Trainings- und Startgebühren sowie für den Dopingtest persönlich bezahlt. Fast niemand hat Sponsoren, Preisgelder gibt es so gut wie keine. Selbst bei einer WM trägt man die Kosten in den meisten Fällen allein. Das hat Vor- und Nachteile, denn natürlich ist es eine große Anstrengung, auf diese Weise den Sport auf einem hohen Niveau auszuüben. Doch gerade weil es nichts zu holen gibt, gibt es kaum aggressiven Wettstreit. Es ist leicht für uns, alles miteinander zu teilen und unser Wissen mit freiem Herzen an andere zu verschenken, wenn die eigene Existenz nicht an Wettkampfergebnissen hängt.

Bei Apnoewettkämpfen gibt es eine Besonderheit: Der Athlet darf einen »Coach« mit zum Start bringen. Der Coach ist jemand, der einem zur Seite steht, einen ablenkt, wenn man nervös ist, und der auf die Uhr schaut, damit man seine Startzeit nicht verpasst. Er bringt den Athleten zur Leine und hilft ihm, sich vor dem Start in der besten Position zu halten. Der Coach ist zur moralischen Unterstützung da – man weiß, man ist nicht allein, hier ist jemand, der an mich glaubt.

Vor allem beim Zeittauchen, bei dem man still mit dem Gesicht im Wasser liegt und so lange wie möglich den Atem anhält, spielt er eine große Rolle. Mit leichten, kaum spürbaren Berührungen achtet er darauf, dass man auf der Stelle bleibt, sodass man sich mit geschlossenen Augen treiben lassen kann. Man übergibt dem Coach die Kontrolle. Leise spricht er mit einem, man hört ihn wie aus weiter Ferne, aber doch ganz deutlich, auch wenn die Ohren knapp unter der Wasseroberfläche sind. Wenn es schwer wird, bringt er einen dazu, länger auszuhalten, und wenn man versucht, zu lange zu kämpfen, sagt er im richtigen Moment: »Es ist genug, hör auf.«

Nur in den seltensten Fällen ist er der Trainer des Freitauchers, denn professionelle Trainer gibt es ebenso wenig wie Sponsoren. Dieser Coach ist fast immer ein Athlet, der selbst am Wettkampf teilnimmt. Auch bei einer WM schenken sich direkte Kontrahenten ihre ganze Unterstützung. Die meisten Journalisten, die mit Sport zu tun haben, sind etwas ungläubig, wenn ich ihnen erkläre, wie sich Athleten aus verschiedenen Ländern auf diese Weise gegenseitig helfen. Ich erzähle ihnen dann gerne die Geschichte der Norwegerin Elisabeth Kristoffersen.

Mit ihrem Hintergrund als Leistungsschwimmerin war Elisabeth vor allem in den Pooldisziplinen so gut, dass sie als Neuling in ihrer ersten WM direkt eine Silbermedaille holte.

Nachdem Martin und Elisabeth dafür sorgten, dass ich 2009 die deutschen Rekorde im Streckentauchen aufstellte, wurden wir enge Freitaucher-Freunde. Unser großes Ziel in diesem Jahr war die Hallen-WM in Dänemark, für die Elisabeth und ich als Partnerinnen miteinander trainierten. Es entstand eine Bindung zwischen uns, unter der wir beide Höchstleistungen erreichten. Vor allem im Zeittauchen waren wir ein eingespieltes Team.

Bei der WM in Dänemark stand am vierten Tag die Qualifikation an. Nach der Startliste war Elisabeth in der letzten Gruppe direkt nach mir an der Reihe. Da sie sich während meines Tauchgangs aufwärmen musste, war es für sie nicht möglich, mir zu helfen, aber ich würde mich als Coach um sie kümmern können. Trotz Aufregung schaffte ich mit purem Starrsinn eine neue persönliche Bestzeit von 05:34 Minuten, lag zu diesem Zeitpunkt auf dem achten Platz und damit aktuell im Finale. Als ich zehn Minuten vor Elisabeths Start zu ihr kam, war sie nervös.

»Ich fühle mich miserabel«, sagte sie, »das wird nichts.«

»Mach dir keine Gedanken«, beruhigte ich sie, »das schaffen wir.«

Als Elisabeth dran war, hatte sie schwer zu kämpfen. Ich nutzte all meine Überredungskunst, um sie zu motivieren. In der Zwischenzeit waren alle anderen aus ihrer Runde aufgetaucht, was bedeutete, dass ich mich weiter im Finale hielt. Nur Elisabeth konnte mir diesen Platz noch abnehmen.

»Jetzt musst du nur noch mich schlagen«, sagte ich zu ihr, »dann kannst du aufhören.«

Sie hielt über sechs Minuten ihren Atem an – ich hatte sie an meiner Zeit vorbei in das Finale befördert und mich selbst heraus. In den meisten Sportarten wäre so etwas undenkbar, doch für uns ist es selbstverständlich. Der Erfolg des anderen ist eine gemeinsam erzielte Leistung und damit ein geteiltes Erlebnis, das oft viel mehr wert ist, als jemanden überboten zu haben.

Am nächsten Tag gelang es mir, im B-Finale mithilfe von Johan Dahlström, einem Apnoetaucher aus Schweden, meinen Atem knapp über sechs Minuten anzuhalten, ein deutscher Rekord, den ich nie für möglich gehalten und den ich allein Johan zu verdanken hatte, dem ich mich mit absolutem Vertrauen überließ.

Dieses Wechselspiel aus Geben und Nehmen ist eine der ganz besonderen Seiten der Gemeinschaft der Freitaucher. Mit zunehmender Wettkampferfahrung wurde ich ein gefragter Coach und bin es bis heute, denn es fasziniert mich, den Schlüssel zur Kraft des Einzelnen zu finden. Ein guter Coach dreht im richtigen Moment mit dem richtigen Satz den mentalen Zustand des Athleten von Stress auf ruhige Selbstsicherheit. Dabei habe ich gelernt, anderen Menschen meine gesamte Aufmerksamkeit zu schenken und vorbehaltlos für sie da zu sein. In dieser Rolle muss man seine Vorstellungen davon, wie etwas ablaufen sollte, vollkommen ablegen und in der Lage sein, den anderen und seine Weise, die Dinge anzugehen, urteilsfrei zu akzeptieren. Nur dann ist es möglich, wahrzunehmen, was er braucht, und ihm im richtigen Moment genau die richtige Unterstützung zu bieten.

Im täglichen Leben verpassen wir häufig die Gelegenheit, anderen in unserem Umfeld mit einer winzigen Geste, einem Wort oder einem Blick eine Hilfe zu sein. Wenn man bewusst seine Aufmerksamkeit schult, nimmt man wahr, wie der Kollege aussieht, wenn er unter Druck steht und verunsichert ist. Wie er wirkt, wenn er die Nacht nicht geschlafen hat, weil eines der Kinder krank ist. Man lernt, ihm vielleicht einfach einen Kaffee hinzustellen, anstatt zu sagen: »Du siehst aber müde aus« – ein überflüssiger Satz, den niemand gerne hört. Sich diese Art von Aufmerksamkeit anzueignen ist sehr wertvoll. Sie ist eine der schönsten Fähigkeiten, die ich vom Apnoetauchen mitgenommen habe.

Versuchen Sie einmal, die Menschen, die Ihnen begegnen,

wirklich zu sehen. Wenn Sie dem Obdachlosen, der mit seinem Hund vor dem Supermarkt sitzt, etwas Kleingeld in den Becher werfen, sehen Sie ihn dabei an und wünschen ihm einen schönen Tag, statt nur im Vorbeigehen die Münzen fallen zu lassen. Versuchen Sie, es auch zu meinen, wenn Sie »Guten Morgen« zu jemandem sagen. Machen Sie einem Fremden ein Kompliment, wenn Ihnen etwas positiv auffällt. Warum nicht? Sie werden sehen, es bereichert nicht nur seinen Tag, sondern auch Ihren.

Neben der Freundschaft und der Unterstützung beim Wettkampf verlassen Freitaucher sich als Sicherungspartner aufeinander, ein weiterer Aspekt des Sports, der uns tief verbindet. Wie Kletterer in einer Seilschaft legen wir unser Leben in die Hände des anderen und vertrauen darauf, dass er zur Stelle ist, falls wir ein Problem haben.

Das größte Risiko des Apnoetauchers ist eine Ohnmacht, die vorkommen kann, wenn man sich überschätzt. Den meisten von uns widerfährt sie sehr selten. An sich ist die Ohnmacht nicht besonders schlimm, denn man wacht schnell wieder auf und muss weder ins Krankenhaus noch zum Arzt – immer vorausgesetzt, dass ein Partner da ist, der einen aus dem Wasser zieht. Wer jedoch unbeaufsichtigt das Bewusstsein verliert, ertrinkt. »Tauche niemals allein« gilt deshalb als oberste Regel. Eine Regel, von der ich als Kind im Schwimmbad zu Hause nichts wusste, ebenso wenig wie von der Lebensgefahr, in der ich mich damals befand.

Wenn ich mit einem anderen Freitaucher trainiere, achte ich genau auf die Tiefe, die er sich vornimmt. Ich spüre die feine Vibration des Karabiners, mit dem er eingehakt ist und der an der Leine entlangläuft, während er nach unten fällt. Ich habe mein Ohr dicht neben dem Seil und erahne durch das Gewebe ein entferntes Echo des Schlages, mit dem der Karabiner auf die Scheibe trifft. Jetzt weiß ich, er ist auf dem Weg zurück, es ist Zeit für mich, die letzten paar Atemzüge zu holen, bevor ich mich aufmache, ihm entgegenzutauchen. In 20 Metern warte ich auf ihn, sehe hinunter in die blaue Tiefe, aus der er jeden Moment erscheinen wird. Wenn er mich erreicht, begleite ich ihn bis zur Oberfläche, immer bereit, ihm zu helfen.

Wer einen sichert, hat großen Einfluss auf die Leistung, zu der man in der Lage ist. Beim leisesten Zweifel hält man instinktiv etwas zurück und kann sich nicht frei der Tiefe überlassen. Aus diesem Grund tragen die Sicherheitstaucher im Wettkampf einen großen Anteil am Erfolg der Athleten. Im Idealfall sind sie Freunde, die einem wortlos das Gefühl geben, in den besten Händen zu sein, und die ihre Ruhe auf die übertragen, für die sie da sind. Man weiß: Was auch sein mag, mir wird nichts geschehen, denn da sind welche, die über mich wachen.

In meiner ersten Weltmeisterschaft 2007 in Sharm el Sheikh war ich unfassbar nervös. Alles war neu für mich, die WM erst mein dritter Wettkampf überhaupt. Ich war noch nicht an die Abläufe gewöhnt und hatte wenig Erfahrung mit unterschiedlichen Wetterbedingungen. In der Nacht vor meinem Start schlief ich kaum, ein Zustand, den jeder kennt, dem schon einmal vor einer Prüfung, einem Vortrag oder einem Rennen mit einem Schlag seine gesamte Selbstsicherheit abhandenkam.

Am nächsten Morgen machte ein Blick aus dem Fenster meine schlimmsten Befürchtungen wahr: Die Palmen vor dem Zimmer bogen sich im heftigen Wind, der über die Hotelanlage zum Meer fegte und die Wellen mit weißen Schaumkronen versah. Ich hatte mir unter WM-Wettkampfbedingungen nicht nur eine Tiefe vorgenommen, die ich noch nie erreicht hatte – 38 Meter ohne Flossen –, ich würde sie auch noch unter schlechtesten Umständen tauchen müssen.

Ein paar Stunden später hielt ich mich an einer der Bojen in der Aufwärmzone fest. In meinem Kopf wechselten sich folgende Gedanken ab: »Was habe ich mir dabei gedacht?«, »Das wird mein erster Blackout!« und nervöse Leere. Während ich auf meinen Start wartete, kämpften die Athleten, die vor mir an der Reihe waren, mit den schwierigen Bedingungen. Einer nach dem anderen wurde ohnmächtig. Mit jeder Minute, die verging, steigerte sich meine Aufregung. In diesem Zustand entdeckte mich der amerikanische Freitaucher Deron Verbeck, der mich mit Verzweiflung in den Augen im Wasser treiben sah. Er schwamm zu mir und sagte: »Anna, ich werde dein Sicherheitstaucher sein. Ich passe auf dich auf.«

Das Gefühl der Erleichterung, das mich in diesem Moment überkam, habe ich bis heute nicht vergessen. Zweifel und Aufregung waren wie aufgelöst, denn ich kannte Deron aus Dahab und hatte absolutes Vertrauen zu ihm. Ich startete mit einer inneren Überzeugung von Sicherheit in den Tauchgang, die mir erlaubte, mich vollkommen auf die Tiefe zu konzentrieren und meine erste Bronzemedaille zu holen.

Es ist nicht möglich, Apnoetaucher effizient mit Gerätetauchern zu sichern, denn ein Taucher, der unter Wasser atmet, muss eine langsame Aufstiegsgeschwindigkeit einhalten – er kann die Athleten also nicht begleiten. Daher besteht ein Sicherheitsteam immer aus Freitauchern, die extrem hart arbeiten. Über Tage hinweg sind sie für andere da. Sie machen wiederholt Tauchgänge in bis zu 30 Meter Tiefe, wo sie unter Umständen lange auf die Athleten warten und diese möglicherweise retten müssen. Sie fiebern mit, freuen sich, wenn man Erfolge feiert, und sind da, wenn es schiefgeht. Den Sicherheitstaucher zu sehen ist ein einzigartiger Augenblick in jedem Tauchgang – nicht umsonst nennen wir sie die Engel der Tiefe. Engel, die unsere Freunde sind und die Anteil nehmen, an jeder Nuance unserer Erfahrungen.

Ohne Zusammenhalt und tiefes Vertrauen wären die Leistungen, die selbst von den talentiertesten Athleten erbracht werden, unmöglich. Schöner als jeder Rekord und jede Medaille ist für mich der Moment, in dem ich Blickkontakt zu einem anderen Taucher unter Wasser habe und das Erlebnis der einsamen Tiefe mit ihm teilen kann. Die meisten meiner kleinen Erfolge werden in meiner Erinnerung mit den Jahren verblassen, viele werde ich ganz vergessen. Doch die Augenblicke von Freundschaft, die ich in diesem Sport erleben durfte, werden bleiben, denn sie bedeuten mir mehr als alles andere.

Jemandem seine ganze Unterstützung zu bieten, ist eine Bereicherung für einen selbst. Es ist außerdem ein Grund, warum Aktivitäten, bei denen man sich aufeinander verlässt oder in denen man gemeinsam Hürden überwindet, eine besondere Art von Zufriedenheit auslösen. Auch fern vom Tauchen habe ich viele dieser Momente erlebt – im Sport, in den Bergen, in meinem beruflichen Umfeld. Selbst beim Laufen, an dem ich vor allem die Einsamkeit liebe, spricht man dem Fremden, der einem begegnet, mit einem kurzen Lächeln Anerkennung aus und weiß, dass man die Leidenschaft und die Mühe teilt, ebenso wie das Wetter, dem man sich an diesem Tag aussetzt.

Gibt es diese Situationen in Ihrem Leben? Vielleicht lassen sie sich bewusst häufiger erzeugen. Ich habe gelernt, dass sie es in jedem Fall wert sind.

KAPITEL 6:
STILLE

Der Fokus der Tiefe

Ich lehnte am Holztresen meines Lieblingscafés und sah zu, wie sein Besitzer, der wie mein Apnoefreund Roland heißt, meinen Milchkaffee konzentriert mit einem Bild aus Schaum versah. Mit dem Geruch frisch gemahlener Bohnen waren die letzten Monate voller Zwölf-Stunden-Tage bei der Arbeit mit Tauchern der Marine und endloser Pendelkilometer auf überfüllten Autobahnen vergessen. Eine ganze Woche zu Hause. Ich war im Stadt-Modus, mittendrin in Berlin, aufgehoben in der Mischung aus chaotischer Unruhe und den vielen Menschen, die zufrieden in Cafés herumlungern, ohne sich zu irgendeiner Art von Eile genötigt zu fühlen. Mit einem Buch würde ich stundenlang hier sitzen, mich mit den Stammgästen unterhalten und zu viel Koffein konsumieren. Der perfekte Morgen.

»Wie läuft's?«, fragte Roland, als er mir den Kaffee hinstellte, ein Kunstwerk. »Diese Woche ist easy«, antwortete ich, »ich habe nur einen Vortrag am Zehnten, der macht mich echt nervös, aber ich habe ja Zeit bis morgen, um mich vorzubereiten.« Ich nahm den ersten Schluck. Meine Welt war in Ordnung.

Noch.

»Wieso macht dich das nervös?«, meinte Roland. »Ist doch einfach für dich.«

Ich erklärte ihm, dass es der bestbezahlte Vortrag war, den ich je hatte, und es mir schwerfiel, einzuschätzen, was der Kunde erwartete. Dass ich mir Sorgen machte, ob ich Freitaucher-Chaot dem entspräche, was man sich vorstellte.

»Wie schick ich wohl sein muss?«, überlegte ich.

Roland verdrehte die Augen. »Du machst das schon«, antwortete er. »Hast doch schon Schlimmeres erlebt.«

»Na, ich weiß nicht«, sagte ich. »Ich bin ganz schön aufgeregt. Aber ich habe ja noch bis morgen Zeit, mir was auszudenken und mich in die maximale Panik zu steigern.«

»Hast du nicht gesagt, der Vortrag ist am Zehnten?«, fragte Roland, während er Milch für den nächsten Kaffee aufschäumte.

»Ja genau«, antwortete ich, »morgen Vormittag.«

Roland drehte sich zu mir um. »Du hast ein Problem«, sagte er. »Der Zehnte ist heute.«

Ein Blick auf die Uhr verriet, dass ich in einer halben Stunde dran war. Keine Zeit mehr, in die Wohnung zu stürzen und mich umzuziehen. Keine Zeit, meinen Laptop zu holen und nachzusehen, welche Bilder ich für die Präsentation ausgesucht hatte und in welcher Reihenfolge sie waren. Kaum genug Zeit, um es mit einem Taxi zum Konferenzzentrum zu schaffen. Panisch rannte ich aus der Tür.

Wenig später saß ich mit einem Mikrofon verkabelt und Maximalpuls in einer der vorderen Reihen des voll besetzten Saales, im Publikum Geschäftsleute, die Qualität gewohnt waren. Aus weiter Ferne hörte ich, wie der Redner vor mir seine Gedanken zusammenfasste. Es ging um Risikomanagement und komplizierte Finanzierungen in einem unsicheren Markt. »Dein ultimativer dämlicher Moment, Anna«, dachte ich und konzentrierte mich.

Mir blieben fünf Minuten.

Wer kennt das nicht? Die Lage ist aus dem Ruder gelaufen. Die Welt steht kopf. Das Herz rast. Jetzt gibt es zwei Möglichkeiten: Man lässt sich überwältigen und der Krise freien Lauf, während »Oh mein Gott, oh mein Gott« als Hintergrundmusik im Kopf spielt. Planlos reagiert man, irgendwie, auf irgendetwas.

Oder aber man denkt sich: »Das ist jetzt schlecht.« Dann

stellt man die Panikmusik ab und fokussiert sich auf den nächsten Schritt. In einer solchen Lage ist es wichtig, sich nicht von dem Problem im Ganzen ablenken zu lassen, das in der kurzen Zeit unlösbar ist. Man muss sich fragen, welche Richtung man einschlagen möchte, und wählen. Klar und selbstbewusst.

Ich wählte. Am wichtigsten war, den Einstieg in meinen Vortrag zu finden. Wie würde ich auf die Bühne gehen, was würden meine ersten Worte sein? Mit welchem Gedanken würde ich starten? Alles, was danach käme, würde ich frei aus meinen ersten Sätzen entstehen lassen.

Wenige Minuten später begrüßte ich die Zuschauer, die schon bald lachten und sich im Austausch mit mir befanden. Ich hatte einen Bezug zum Thema Risikomanagement aus dem vorhergehenden Vortrag hergestellt und das eher exotische Konzept des Freitauchens mit ihrer Realität verbunden. Den Rest der 30 Minuten entwickelte ich intuitiv. Die Aufmerksamkeit des Publikums und die Gespräche, die ich anschließend führte, sagten mir, dass ich mich gerettet hatte – der Vortrag war gelungen.

In diesem Moment half mir die beim Freitauchen entwickelte Fähigkeit, mich unter Druck auf das Wesentliche zu konzentrieren. Ich spürte die Aufregung, doch ich ließ mich von ihr nicht ablenken. Mitten in der schwierigen Situation war ich in der Lage, zu registrieren, was gerade auf der Bühne stattfand, und mich anschließend darauf zu beziehen. Immer wieder stelle ich fest, dass sich die Stärken, die ich mir über meine Abenteuer im Wasser angeeignet habe, sich auf den Rest meines Lebens übertragen. Stress hebe ich mir bewusst für später auf – in der U-Bahn auf dem Weg nach Hause überfiel mich zwei Stunden nach dem Auftritt das blanke Entsetzen. Ich beruhigte meine Nerven mit einem Kaffee bei Roland, während er mir riet, mir eine Assistentin zu organisieren.

Wie bei vielen Aktivitäten ist Fokus eines der zentralen Elemente des Apnoetauchens. Doch dieser Sport ist besonders, denn er besteht aus Kontrasten. Ein tiefer Tauchgang ist ein Balanceakt. Einerseits braucht er die maximale Konzentration, andererseits vollkommenes Loslassen und die Entspannung von Körper und Geist, zwei einander entgegengesetzte Zustände, die sich schwer vereinen lassen.

Eine besonders extreme Situation, in der die Fähigkeit, mich zu fokussieren, eine große Rolle spielte, erlebte ich im September 2013 während der zweiten Weltmeisterschaft in Griechenland, in der ich und Liv jeweils Bronzemedaillen holten. Ich war in der besten körperlichen Verfassung meines Lebens. In Sharm el Sheikh hatte ich mit Andrea an meiner Technik gefeilt, bis ich 80 Meter mit meiner Flosse erreicht hatte. Noch nie war ich so gut vorbereitet zu einer WM gefahren, doch ein dummes Missgeschick im letzten Moment brachte mich in eine schwierige Lage.

Die Wettkampf- und Trainingszone in Kalamata war eine große, schwimmende Plattform, die der Organisator Stavros Kastrinakis zwei Kilometer weit draußen in der Messinischen Bucht verankerte. Um zu ihr zu gelangen, wurden die Athleten mit schnellen Schlauchbooten im Viertelstundentakt über ein gut organisiertes Transfersystem hin- und herchauffiert. Zehn Tage vor der WM wartete ich in besonders guter Stimmung auf unser Wassertaxi, als mir die fünf Kilogramm schwere Monoflosse aus der Hand rutschte und mit der dünnen Kante des Flossenblattes zuerst auf meinem linken Fuß landete.

»Oh nein, meine Flosse, meine Flosse« war mein einziger Gedanke. Erst nachdem ich erleichtert festgestellt hatte, dass sie unbeschädigt war, fühlte ich den dumpfen Schmerz und entdeckte einen großen Schnitt, der darauf wartete, zu bluten. »Vielleicht muss ich das vor dem Tauchen kurz abkleben«, dachte ich und machte mich bereit, in das sich nähernde Schlauchboot zu steigen, als ich Livs entsetzte Miene sah. Ich hielt inne.

»Glaubst du, das ist schlimm?«, fragte ich.

Sie nickte, und auf den zweiten Blick war deutlich, dass sie recht hatte: Wir konnten den Knochen sehen.

Liv zwang mich, stillsitzen zu bleiben, und schickte den französischen Freitaucher Guillaume Néry auf der Suche nach dem Erste-Hilfe-Kasten zur Rezeption unseres Hotels, während ich Stavros bat, meine Trainingszeit auf den nächsten Tag zu verlegen, und allen erklärte, dass es sich nur um ein kleines Missgeschick handelte und ich schon bald zurück im Wasser wäre. Obwohl ich wusste, dass es schlecht aussah, hatte die Vorstellung auszufallen in meiner Realität noch keinen Platz.

In der Zwischenzeit war Guillaume zurückgekehrt und kramte nach einigem Suchen eine Flasche Jod aus dem uralten Verbandskasten. »Soll ich?«, fragte Liv, denn Guillaume sah etwas blass aus. »Leg los«, antwortete ich, hielt ihr den Fuß hin und sah zu, wie sie ohne Umschweife die Wunde bis zum Rand vollgoss. Die zeitliche Verzögerung, mit der das Brennen, das einem kurzfristig alle Sinne raubt, das Gehirn erreicht, ist ein wirklich interessantes Erlebnis.

Ich war der Meinung, mit dieser drastischen Maßnahme ausreichend versorgt zu sein, aber meine Freunde schickten mich zum Krankenhaus, wo ich eine Stunde später von einem jungen Arzt untersucht wurde. Ich hatte gehofft, ohne Stiche auszukommen, doch er ließ sich nicht auf Experimente ein. Während ich darauf wartete, dass er mich betäuben würde, sagte er unerwartet mit lauter Stimme: »Kein Schmerz! Kein Schmerz! Da ist kein Schmerz!« Und nähte drauflos. Als ich vorsichtig bemerkte, dass da in der Tat sehr wohl ein Schmerz sei, antwortete er streng: »Nein! Da ist kein Schmerz!« Und ließ sich nicht von seiner Arbeit abhalten. Ich war begeistert – mit mentalen Übungen zur Selbstbeherrschung im Stil eines Apnoetauchers hatte man mich noch nie behandelt. Als er fertig war, gab der Arzt mir ein Rezept für ein Antibiotikum und wies mich an, den Fuß trocken zu halten.

»Trocken?«, fragte ich ungläubig. »Wie, trocken – das geht nicht!« Nach einiger Diskussion ließ er sich darauf ein, dass ich eventuell, nach einigen Tagen mit gut abgedeckter Wunde, ins Wasser gehen könnte. Mein Vorhaben, am nächsten Tag wieder beim Training zu sein, stellte sich schnell als Hirngespinst heraus. Erst nach Tagen wagte ich, mit vielen Lagen Klebeband versehen, in der Disziplin Free Immersion anzutreten, in der sich der Taucher ohne Flossen am Seil herunter- und wieder nach oben zieht. Nachdem ich mit Livs Unterstützung überraschend Bronze geholt hatte, blieb die Frage offen, ob ich in der Lage wäre, trotz der Verletzung in der Disziplin Tieftauchen mit Flosse anzutreten.

Es gab nur noch eine Gelegenheit zu testen, ob ich mich in meine Monoflosse zwängen und damit schwimmen könnte. Ich fuhr zum Training und versuchte, einen einfachen Tauchgang in 60 Meter Tiefe zu machen. Es war die Hölle. Mit herausgerissenen Stichen kam ich unter Krämpfen an die Oberfläche zurück. Ich dachte daran, aufzugeben und die WM abzubrechen, doch nach einer ausführlichen Diskussion mit Liv und Andrea beschloss ich, mich auf meine innere Stärke zu verlassen. Ich war in einer so guten Form, dass es möglich sein sollte, die Beeinträchtigung mit meinem Willen auszugleichen. Ich kündigte 81 Meter an, eine persönliche Bestleistung und ein deutscher Rekord. Unter meiner Konkurrenz war die Überraschung groß, denn man hatte mich längst abgeschrieben.

Da man sich in Apnoewettkämpfen am Tag vorher auf die Tiefe, die man tauchen wird, in einer geheimen Ankündigung festlegen muss, ist eine der größten Herausforderungen des Sports, sich selbst perfekt einzuschätzen. Jeder nicht geschaffte Meter bedeutet einen Punktabzug und wirft einen weit zurück. Man überlegt, wie einen die Nervosität beeinflussen wird, macht sich Gedanken darüber, wie die Wetterbedingungen höchstwahrscheinlich aussehen werden und was das für den

Tauchgang bedeutet, und versucht, sich exakt die richtige Leistung vorzunehmen. Eine der wichtigsten Fähigkeiten, die man braucht, um als Freitaucher erfolgreich zu sein, ist die brutale, nackte Ehrlichkeit mit sich selbst. Es kann schnell passieren, dass ein Athlet eine Tiefe wählt, die deutlich außerhalb seiner Möglichkeiten liegt, denn nichts ist so schwer, wie in einer Weltmeisterschaft einen Tauchgang anzukündigen, den wir als »unter unserer Würde« empfinden. Im besten Fall dreht dieser Taucher um. Im schlimmsten Fall wird es gefährlich.

Wenn man das bedenkt, scheint es verrückt, mit einem genähten Fuß eine persönliche Bestleistung anzukündigen. Doch eine meiner größten Stärken ist das sichere Gespür für meinen realistischen Leistungszustand und dafür, was ich auch unter den schwierigsten Bedingungen schaffen kann. Schon beim Trimix-Tauchen musste ich mich damit auseinandersetzen – denn wer bei einem Dekompressionstauchgang in über 100 Meter Tiefe seine Grenzen nicht beachtet, wird an sie sein Leben verlieren. Die besten Tauchgänge erlebe ich, wenn mich die Tiefe im richtigen Maße fordert, denn die Herausforderung hilft mir, mich zu fokussieren und in den Flow zu geraten. Dabei ist die Selbsteinschätzung immer das zentrale Element, das meine Entscheidung bestimmt, und mir von meinem Ego nichts diktieren zu lassen einer der wichtigsten Schlüssel zu meinem Erfolg.

In Kalamata hatte niemand damit gerechnet, dass ich mit dem genähten Fuß 81 Meter tauchen würde. Ich sah die Überraschung in den Augen der anderen und wusste, dass sie mich nicht in der Wettkampfzone erwartet hatten. Ich war aufgeregt. Ich bewegte mich an der Grenze meiner Möglichkeiten und war dennoch sicher, dass ich gut genug trainiert war, um die Schmerzen und den Stress aufgrund der Verletzung auszugleichen. Ich wählte die Herausforderung. Mein Countdown lief. Zwei Minuten.

Neben mir schwamm Liv, die gekommen war, um mir als Coach beiseitezustehen. »Denk an den Kaffee hinterher«, sagte sie und brachte mich zum Lächeln.

Wie aus weiter Ferne hörte ich die Ansage der Zeiten. In der Nähe bereiteten sich die Sicherheitstaucher vor, von denen ich wusste, sie würden zur Stelle sein. Wie den Rest der Umgebung nahm ich sie wahr, ohne sie in die Blase hineinzulassen, die ich um mich herum erzeugt hatte und in der es nichts gab, außer meinem Atem, den ich langsam und gleichmäßig herausströmen ließ. Unruhe wühlte in meinem Bauch, unkontrollierbar, überwältigend, sie erfüllte mich bis in die Fingerspitzen. Ich akzeptierte sie. Trennte mich von ihr. Ließ die Luft aus der Lunge fallen. »Still«, sagte ich zu meinem Körper. »Still« zu meinem Geist. Hielt inne im Schweben zwischen Aus- und Einatmen. Fühlte Raum in mir, Leere, in der das Meer Platz fand und das Stillsein, das mich in die Tiefe bringen würde. Ich hörte den Countdown: 30 Sekunden.

Der Start. Das Gesicht im Wasser. Kein Zurück. Am Rand der Wahrnehmung sah ich, wie schräge Sonnenstrahlen durch die Oberfläche drangen. Bald erreichte ich 25, 30 Meter, mit dem letzten Flossenschlag schloss ich die Augen und überließ mich dem freien Fall. »Still«, sagte ich zu mir. Die Schmerzen im Fuß spürte ich nur verschwommen. Reglos sank ich nach unten, sah durch die geschlossenen Augenlider, wie es dunkler wurde, und spürte die Ruhe in mir. Meinen Herzschlag, verlangsamt. Die Zeit, gedehnt. Die Gedanken gerichtet auf Geschwindigkeit, Position und Druckausgleich, war ich losgelöst von allem, war ohne Widerstand.

Die Ankunft an der Scheibe überraschte mich, im Flow aus Loslassen und Konzentration war mir die Zeit entglitten. Der perfekte Tauchgang. Ich öffnete die Augen, sah das dämmrige Licht des Mittelmeers, das sich nach unten in die Schwärze verlor. Mit dem Umdrehen kam der Wechsel, von Entspannung zu Kraft, es galt, den weiten Weg zurückzuschwimmen, unter

Schmerzen, die mit jedem Meter schlimmer wurden. Nur den Rhythmus halten, dachte ich und hörte auf das Schlagen des Flossenblattes, das mich nach oben brachte. »Du bist stark«, sagte ich zu meinem Körper, und »schwimm weiter«. Fokus. Den Atemreiz, die brennenden Muskeln und die Verletzung blendete ich aus, sie waren unwichtig, eine Nebensache. In den letzten Metern ließ ich mich treiben, schon jetzt konzentrierte ich mich darauf, so bald wie möglich neue Luft in die Lunge zu atmen.

»Holt mich von der elenden Leine, ich habe Krämpfe«, fluchte ich, zurück an der Oberfläche, anstatt wie sonst zu jubeln und mich bei der Crew zu bedanken. Beide Beine rebellierten, Waden und Oberschenkel krampften sich zusammen, sie hatten auf den letzten Metern endgültig aufgegeben. Ich war hilflos. Erst als man mich aus dem Wasser auf die schwimmende Plattform hob und mich auf die Füße stellte, gaben die Muskeln nach. Anstrengung und Qual lösten sich und wichen der Erleichterung. Mit der neuen persönlichen Bestmarke hatte ich einen weiteren deutschen Rekord errungen und war stolz – weniger auf den vierten Platz in dieser Disziplin als auf die Umstände, unter denen mir die Leistung gelungen war.

Die Fähigkeit, sich zu fokussieren, wenn es darauf ankommt – vor allem in schwierigen Situationen –, ist lern- und trainierbar, und sie ist es, die mir beim Freitauchen zum großen Teil meine Erfolge ermöglicht. Dabei kommt es für mich darauf an, persönliche Strategien zu finden, von denen ich weiß, dass sie meiner Natur entsprechen.

Ein Beispiel ist der übliche Unterricht für das Zeittauchen, der Disziplin, in der es um das reine Luftanhalten geht. Still liegt man dabei mit dem Gesicht im Wasser und versucht, entgegen jedem Instinkt, den Atem möglichst lange auszusetzen. Gerne wird Anfängern beigebracht, dabei in ihrer Vorstellung zu ihrem »Lieblingsort zu gehen«, um sich von Gedanken an den nahenden Atemreiz zu lösen. Dabei handelt es sich um eine effektive Meditationsübung. Um sich abzulenken, stellt man sich vor, man wäre an einem schönen Ort, den man sich in allen Details ausmalt. Man sieht beispielsweise einen Strand, an dem man sitzt, fühlt die Wärme des Sandes. Wie fein ist er? Vielleicht weht eine Brise, man spürt sie auf dem Gesicht.

Für viele funktioniert diese Technik hervorragend – für mich endete bisher jeder Versuch mit purem Stress. Zu viele Plätze fielen mir ein, allein die Auswahl quälte mich. Wenn ich mich für einen entschied, verließen meine Gedanken ihn ständig wieder – von Mal zu Mal nahm dabei meine Anspannung zu, von Ruhe keine Spur. Um mich herum berichteten die anderen Schüler, wie wundervoll ihre Erfahrung gewesen sei. Vielleicht hatte ich den falschen schönen Ort? Verzweifelt versuchte ich es mit allen möglichen Varianten. Ich stellte mir vor, wie ich in Sharm el Sheik auf das Meer blicke – mein rebellisches Unterbewusstsein beförderte mich in Gedanken nach Berlin, wo ich um vier Uhr morgens von grölenden Barbesuchern geweckt worden war. Ob sie es nach Hause geschafft hatten oder ob sie im Park vor meinem Haus lagen? Oh, Mist – Sharm, das Meer. Konzentration! … Musste ich später noch die Wäsche sortieren? Oh, Moment – die Brise. Der Sonnenuntergang.

Nichts funktionierte. Ich war bereit, aufzugeben, da entstanden eines Tages, mitten im Versuch, mich gedanklich auf ein Segelboot zu versetzen, intensive Bilder vom Snowboardfahren. Ich sah mich im Schnee sitzen, mit Blick auf einen perfekten Hang. Ohne Spuren lag er da und wartete auf mich. Ich war allein. Kalte, klare Luft brannte in meiner Lunge. Ich sah, wie ich mich dem Hang anvertraute, die erste Kurve fuhr. Hörte das Geräusch meines Bretts im feinen Schnee, der mir wie Nebel ins Gesicht staubte, fühlte den Druck, den ich mit den Beinen auf die Kante gab. Ellbogen, Hüfte, Knie berührten die Piste, mit dem Gesicht dicht am Boden flog ich auf das Tal zu.

Mühelos verging die Zeit. Ich war weit weg, losgelöst von

dem Schwimmbad, in dem ich trieb. Seitdem weiß ich, dass ich an meinem perfekten Ort aktiv sein muss, obwohl man meinen könnte, dass das der absoluten Entspannung entgegenwirkt. Doch die geliebte Aktivität vor mir zu sehen fesselt mich und löst mich von Raum und Zeit in einem Maße, in dem es mir über einen Ort der Ruhe nicht gelingt.

Ähnlich geht es mir mit Meditation. In den letzten Minuten vor dem Tauchgang habe ich eine intensive Konzentrationsphase, doch ich meditiere nicht im klassischen Sinne, denn ich habe festgestellt, dass der Versuch, auf diese Weise meine Nervosität in den Griff zu bekommen, sie nur verstärkt. Stattdessen brauche ich Ablenkung, in der eine schwebende Aufmerksamkeit für mein Vorhaben entsteht. Für mich ist es wichtig, meinem Unterbewusstsein den Raum zu lassen, sich ungestört mit der Herausforderung anzufreunden. Ich habe gelernt, meine Aufregung als einen Teil von mir und dem Prozess zu akzeptieren und mich nicht um den Stress, sondern den Tauchgang zu kümmern.

Einmal trainierte ich mit Freunden in Sharm el Sheikh und sicherte gemeinsam mit Liv einen anderen Apnoetaucher. Die Leine hing in einer Tiefe, die er nie zuvor erreicht hatte, eine persönliche Bestmarke. Er atmete gleichmäßig, doch Liv und ich wussten: Die Wahrscheinlichkeit, dass er es schaffen würde, ging gegen null. Er hatte uns um einen Countdown von vier Minuten gebeten, vier Minuten, in denen er sich vorbereiten wollte, um dann in die Tiefe zu starten. Inzwischen waren jedoch acht Minuten vergangen. Mit jeder Sekunde nahm der Wellengang zu und brachte ihn weiter aus dem Konzept. Als er endlich loslegte, war er in einem Zustand von maximalem Stress und drehte auf halbem Wege um. Im verzweifelten Versuch, den rasenden Herzschlag zu beruhigen und sich unter Zwang zu entspannen, hatte er seinen Puls immer weiter in die Höhe getrieben.

Ich ziehe es vor, in solchen Situationen die Zeit, die ich mit der Vorbereitung verbringe, drastisch zu verkürzen. Auch wenn es ideal ist, mit einem niedrigen Puls die Oberfläche zu verlassen, ist es nicht immer realistisch. Was jetzt zählt, ist, sich auf seine Stärken zu besinnen.

Versuchen Sie doch mal ein kleines Experiment. Wenn Sie das nächste Mal mit einer Situation konfrontiert werden, die Ihnen Angst einflößt, dann beschäftigen Sie sich nicht mit Ihrer Nervosität. Akzeptieren Sie sie. Sie ist da, sie ist nicht schön, sie wird vergehen. Anstatt den Moment des Loslegens hinauszuzögern und zu versuchen, sich zu beruhigen, wählen Sie das Gegenteil: Melden Sie sich als Erster. Starten Sie sofort. Warten Sie nicht auf den perfekten Zustand, der niemals eintreten wird. Vertrauen Sie auf Ihre Fähigkeiten, und: Lassen Sie Ihre Aufregung bedeutungslos sein.

Obwohl ich also nicht im herkömmlichen Sinne meditiere, habe ich vor dem Start zu einem tiefen Tauchgang eine Phase, in der mein Fokus sich auf einen Punkt zentriert, auf den Moment, zu dem ich die Oberfläche verlassen werde. In einem Wettkampf herrscht naturgemäß viel Trubel. Während man wartet, hört man den Countdown an der anderen Leine, und man hört, wie der Mann am Sonargerät die Tiefe des Athleten verkündet, der vor einem dran ist. Man bekommt mit, wenn es auf einmal heißt: »Blackout! Blackout!«, und das Sicherheitsteam einen ohnmächtigen Taucher an die Oberfläche bringt, und hört, wie ein Rekord gefeiert und ein verpatzter Tauchgang bemitleidet wird. Mitten dazwischen muss man sich seine Konzentration erhalten. Um das zu erreichen, kapseln sich viele Apnoetaucher ab, lassen sich mit geschlossenen Augen auf dem Rücken dahintreiben und von ihrem Coach an die Leine bringen. Sie versuchen, möglichst nichts vom Drumherum mitzubekommen.

Doch für mich persönlich ist es wichtig, eine Balance zu

finden, in der sich der intensive Fokus und die bewusste Wahrnehmung meiner Umgebung die Waage halten, denn ich möchte weiterhin Entscheidungen treffen, die sich auf meine Sicherheit beziehen. Um dazu in der Lage zu sein, muss ich registrieren, was um mich herum geschieht. Daher habe ich gelernt, mich mit einer Blase zu umgeben, durch die ich mein Umfeld klar sehe, ohne zu erlauben, dass es mich berührt. Wie die Menschen am Bahnsteig, die man geistesabwesend anstarrt, während man auf einen Zug wartet.

Während einer Weltmeisterschaft in Zypern wurden wir zum Beispiel urplötzlich von schwierigen Bedingungen überrascht. Wir hatten drei relativ nah beieinander gelegene Leinen, an denen im Abstand von wenigen Minuten getaucht wurde. Ich war dabei, mich für meinen Start vorzubereiten, als um mich herum Diskussionen entstanden. Ich hörte, wie Schiedsrichter, Organisator und Sicherheitsteam sich besprachen, denn an der Leine neben mir hatte es ein Problem gegeben: Bei überraschend aufgekommener Strömung hatten sich zwei der Seile in 56 Metern Tiefe überkreuzt und eine Taucherin war auf dem Weg nach unten mit geschlossenen Augen in dieses Hindernis geraten. In einer solchen Situation möchte ich mich nicht einfach darauf verlassen, dass die Wahl der Crew für mich die richtige ist, denn es geht um mein Leben, für das ich allein die Verantwortung trage. Als das Signal zum Abbruch kam, hatte ich längst beschlossen, unter diesen Umständen nicht zu tauchen.

Diesen Zustand zwischen Aufmerksamkeit und Abstand zu erzeugen ist eine Herausforderung, für die jeder seine eigenen Strategien entwickeln muss. Ich rufe mir immer wieder in den Sinn, dass ich in der Hand habe, wovon ich mich beeinflussen lasse. Dazu gehört der Atemreiz ebenso wie Nervosität, Stress und Eindrücke von außen. Ich weiß, meine Aufregung lässt sich nicht abstellen. Dennoch erlaube ich ihr nicht, mein Denken, Fühlen und Handeln zu bestimmen. Das Gleiche gilt für Beeinträchtigungen aus dem Umfeld. Kurz vor einem Wettkampftauchgang habe ich keine Kontrolle darüber, was um mich herum im Wasser geschieht. Ich registriere die Unruhe und den Stress einer Weltmeisterschaft, erzeuge aktiv Distanz und bin doch präsent genug, um Entscheidungen zu treffen.

Nach einem Vortrag, den ich vor Kurzem hielt, sprach ich mit einer jungen Frau, die in einem anspruchsvollen Beruf Karriere machte. Sie erzählte mir, dass sie das Gefühl hatte, täglich unter den vielen Dingen, die auf sie einstürzten, verloren zu gehen, und dass sie sich wünschte, mehr Kontrolle zu haben. Als ich sie nach einem Beispiel fragte, antwortete sie, dass sie wie viele Menschen ihr Handy als Fluch empfand. Ständig hatte sie das Gefühl, Nachrichten zu erhalten und lesen zu müssen.

»Ich weiß, ich sollte üben, es einfach abzuschalten«, sagte sie, »aber das geht einfach nicht, ich muss tatsächlich erreichbar sein.«

Der verbreitete Rat, wir sollten unser Handy öfter mal zu Hause lassen und lernen, ohne es auszukommen, ist sicher für die meisten von uns richtig. Doch wie die Meditation des »schönen Ortes« ist er gleichzeitig zu simpel, denn häufig funktioniert er in der Realität nicht. Die schnelle Erreichbarkeit ist ein Vorteil, der in vielen Berufen wichtig ist, und nicht etwas, dem man sich leicht entziehen kann.

»Ja klar«, sagte ich zu der jungen Frau, »und wenn du dein Handy abschaltest, fühlst du dich die ganze Zeit unter Druck, weil du daran denkst, was da gerade alles reinkommt. Wenn du es dann wieder einschaltest, hast du einen Berg von Nachrichten, den du bearbeiten musst und der dich belastet.«

»Genau«, sagte sie, »hinterher bin ich noch gestresster als vorher!«

Ähnlich wie mich der »schöne Ort« in einen Zustand von größtem Stress versetzte, erreichen viele Menschen mit dem Abschalten des Handys das Gegenteil von dem, was sie suchen. Selbstverständlich ist es ideal, wenn man »offline« gehen kann und vor allem lernt, es tatsächlich auch im Geist zu sein, anstatt es nur unter Zwang zu ertragen. Aber was wir uns im Idealfall vorstellen, hat ebenso wenig Aussage für die Realität wie mein Wunsch nach der perfekten Wassertemperatur für einen Tauchgang. Jeder muss für sich einen Weg finden, mit der auf ihn einstürzenden Flut von »zu viel« in allen Lebensbereichen fertigzuwerden und eine klare Strategie entwickeln, die für ihn, seine Situation und seinen aktuellen Zustand brauchbar ist.

Nicht jede Woche ist gleich. An manchen Tagen kann man einfach nicht »offline« sein – dann hilft es nicht, sich dafür zu bestrafen, dass man sich unter Druck fühlt. Man weiß, der Moment kommt, in dem es leichter ist, und konzentriert sich darauf, die Zeit der Entspannung auf diesen Zeitpunkt zu verschieben. Auch wenn es nicht möglich ist, das Handy abzuschalten, ist man mit etwas Planung in der Lage, mehr Kontrolle zu übernehmen, als man denkt. E-Mails und Messengerdienste lassen sich so einrichten, dass das Handy nicht ständig Töne für neu eingegangene Nachrichten von sich gibt. Meine E-Mails erscheinen erst, wenn ich sie aktiv lade. Wenn ich auf etwas Wichtiges warte, kann ich häufiger nachsehen. Wenn nicht, lasse ich es. Ich kontrolliere den Zeitpunkt, zu dem ich die Mails abrufe und lese, und werde nicht im Minutentakt dazu genötigt.

Wir können lernen, eine Blase um uns herum zu erzeugen, in der wir die vielen Dinge registrieren, die auf uns einstürzen, aber nicht alle davon an uns heranlassen. Wir haben Kontrolle darüber, wie weit wir uns emotional beteiligen, und können üben, zu filtern und das Steuer in der Hand zu behalten. Schalten Sie die Gruppenchats leise, und stellen Sie die Nachrichten so ein, dass Ihnen auf dem Homescreen der Inhalt nicht angezeigt wird. Sie bestimmen, wann Sie sie lesen, selbst wenn es nur eine Verzögerung von fünf Minuten ist. Auf diese Weise vermeiden Sie das Gefühl, Ihrem Handy ausgeliefert zu sein.

Oft werden wir Apnoetaucher zu den Adrenalinjunkies gezählt – doch in Wahrheit ist Adrenalin für uns der Antichrist, da es physiologisch in jeder Hinsicht das Gegenteil von dem bewirkt, was unsere Leistung erst möglich macht. In unserem Sport spielt vor allem die Ruhe, die dem Wechselspiel aus Fokus und Entspannung Raum gibt, eine tragende Rolle. Auf dem Weg nach unten überlasse ich mich der Tiefe und gebe jeden inneren Widerstand auf. Gleichzeitig spüre ich mit geschärften Sinnen, ob eine Strömung mich vom Seil entfernt, fühle, wann ich mich dem Grund nähere, und nehme wahr, ob alles stimmt. Die Balance zwischen Aufmerksamkeit und Loslassen zu finden macht die Phase des freien Falls zu einem der schönsten und gleichzeitig schwierigsten Aspekte des Apnoetauchens. An einem Tag mit perfektem Flow wird der freie Fall zu einem Erlebnis von unglaublicher Intensität, in dem alles wie von selbst geschieht und sich die Grenzen zwischen Mensch und Meer auflösen – an einem schlechten Tag zu einem puren Kraftakt, mit dem man in der blauen Welt ein Fremder bleibt.

Die Fähigkeit, mich im Wettkampf auch unter den widrigsten Umständen zu fokussieren, trägt einen großen Anteil zu meinem dauerhaften Erfolg bei. In vielerlei Beziehung beruht diese Stärke auf Erfahrung, aber ich setze mich zusätzlich aktiv mit ihr auseinander und trainiere sie regelmäßig. Es ist zum Beispiel für jeden Sportler sinnvoll, einen festen Ablauf zu entwickeln, unter dem Körper und Geist wissen: Jetzt geht es los. Die Routine ist unser Freund. Doch auch sie muss hinterfragt und aufgebrochen werden und darf nicht alles dominieren. Es ist gut, einen Plan zu haben. Wenn man davon aber so abhängig ist, dass man vollkommen aus dem Rhythmus gerät, sobald etwas davon abweicht, dann behindert einen der Zeitplan, statt zu unterstützen. Wer sich daran klammert, wird feststellen, dass die Realität ihn gerne aushebelt, so wie mir meine

Vorbereitung abhandenkam, als ich das Datum für meinen Vortrag aus Versehen vertauschte.

Ein Apnoewettkampf ist kompliziert und hat viele Faktoren, die nicht immer kontrollierbar sind. Das Wetter schlägt um. Die ägyptischen Polizisten am Blue Hole überprüfen Genehmigungen, bis der Wettkampf sich um eine ganze Stunde verschiebt: Schon ist man aus dem Konzept, weil man daran gewöhnt ist, exakt drei Stunden vor dem Tauchgang zu essen und nicht vier – das Selbstvertrauen und der Glaube daran, es auch so zu schaffen, sind dahin. Das Herz rast. Der Kopf ist raus.

Wenn man es versäumt, bewusst mentale Stärke und Fokus unter schwierigen Bedingungen zu trainieren, baut man die Möglichkeit zu versagen ein. Dazu gehört, zu anderen Tageszeiten als gewohnt zu tauchen und die Routine des Aufwärmens zu variieren. Dazu gehört ebenso, an einem schlechten Tag, wenn man kaum geschlafen hat und sich kraftlos fühlt, ins Wasser zu gehen. Die Wahrscheinlichkeit, dass es bei einer WM in einem heißen Land, in dem regelmäßig der Strom und damit die Klimaanlage ausfällt, zu einer unruhigen Nacht kommt, ist groß. Wenn ich mich nie zuvor unter Schlafmangel einem anspruchsvollen Tauchgang ausgesetzt habe, ist es mir unmöglich zu beurteilen, was diese Situation für meine Performance bedeutet.

Wie das Wetter bei einem Wettkampf sein wird, kann ich nicht beeinflussen. Doch ich habe in der Hand, auch bei Wellengang zu trainieren und so zu lernen, mich davon nicht aus der Ruhe bringen zu lassen. Es ist essenziell, sich neben einer sicheren Routine aktiv mit Veränderung und unterschiedlichen Abläufen zu fordern und möglichst frei zu sein von Krückstöcken, Hilfsmitteln und mentalen Stofftieren jeder Art.

Wenn Sie das Gefühl haben, in einer festen Routine sehr sicher zu sein, setzen Sie sich neuen Reizen aus. Laufen Sie bei miserablem Wetter oder zu einer Tageszeit, die Sie nicht mögen. Lesen Sie ein Buch zu einem Thema, von dem Sie denken, dass es Sie nicht interessiert. Statt Ihre Präsentation genau aufzuschreiben, erlauben Sie sich nur eine Handvoll Stichworte. Sie werden sehen: Die Variation macht Sie sicherer.

Als ich im Sommer 2016 gehetzt und unvorbereitet im Zuschauerraum saß und auf meinen Vortrag wartete, kam mir dieses Training zu Hilfe. Ich vertraute darauf, dass ich genug zu erzählen hatte, um selbst die anspruchsvollsten Zuschauer zu überzeugen. Statt mich mit meiner Nervosität zu beschäftigen, konzentrierte ich mich auf meine Stärken. Ebenso wie ich mich beim Apnoetauchen nur bedingt auf eine Routine verlasse, arbeite ich nicht mit festgelegten Präsentationen, denn ich bin der Ansicht, dass jedem ein auf ihn zugeschnittener Vortrag zusteht. Eine zusätzliche Mühe, da ich kein bekanntes Schema abspulen kann. Doch auf diese Weise habe ich gelernt, frei zu sprechen. Ich kann die Stimmung im Publikum wahrnehmen und auf sie eingehen, anstatt starr meinem Programm zu folgen. Mithilfe dieser Flexibilität war ich in der Lage, die vermasselte Situation in einen meiner erfolgreichsten Auftritte zu verwandeln.

Immer wieder habe ich erlebt, dass auch kleine Dinge einen großen Einfluss auf meinen mentalen Zustand und meinen Fokus haben. Seit drei Jahren trainiere ich Crossfit, um mich auf die Apnoesaison vorzubereiten. Dort gibt es neben den unzähligen, ebenso effektiven wie schrecklichen Übungen, das olympische Gewichtheben, das mich vor allem deshalb fasziniert, weil es besondere innere Stärke verlangt. Bis heute erschreckt es mich, eine Langhantel mit viel Gewicht über den Kopf zu reißen. Um es zu schaffen, darf ich nichts zurückhalten. Dabei hat die Art und Weise, wie ich an die Hantel herantrete, direkte Auswirkung auf Erfolg oder Misserfolg. Zögere ich und erlaube meiner Unsicherheit, sichtbar zu werden, geht es schief. Gehe ich zielstrebig nach vorne, platziere die Hände und lege los, fliegt das Gewicht mir entgegen. Haltung, Bewegung und

Gesichtsausdruck spielen eine wichtige Rolle. Damit der Lift gelingt, muss ich den Glauben daran, dass ich es schaffen kann, mit jeder Faser meines Körpers ausdrücken.

Ähnlich ist es, wenn ich mich in die Wettkampfzone begebe. Wie ich mich an der Leine einhake, beeinflusst bereits meinen Fokus. Bei aller Aufregung erlaube ich mir zu diesem Zeitpunkt kein Zögern. Jeder Handgriff ist bewusst, jede Bewegung zielstrebig. Ich lasse den Blick nicht wahllos herumtreiben, sondern habe ihn nach innen gerichtet, auf meine Stärke und auf das, was vor mir liegt. Diese Strategie überträgt sich auf viele Situationen – bei meinem fast verpassten Vortrag konzentrierte ich mich zum Beispiel darauf, wie ich auf die Bühne gehen würde. Ohne zu zögern. Genau so, wie ich in die Wettkampfzone schwimme oder an die Langhantel trete. Es half mir, die richtige Stimmung für den Auftritt zu erzeugen und meine Aufregung zu überwinden.

Versuchen Sie es. Wenn Sie das nächste Mal etwas Unangenehmes vor sich haben oder etwas, das Ihnen Angst macht – ein Anruf bei einem schwierigen Kunden, ein Gespräch mit dem Chef –, geben Sie sich exakt eine Minute, oder geben Sie sich zehn Atemzüge. Starten Sie tatsächlich die Uhr, oder zählen Sie. Konzentrieren Sie sich. Lassen Sie alles andere in die Ferne rücken. Wenn die Zeit herum ist, sind Sie bereit. Klopfen Sie an der Tür. Nehmen Sie den Hörer in die Hand. Zögern Sie nicht, keine Sekunde. Denken Sie daran: So wie beim Eintreten in die Wettkampfzone bei einer Apnoe-WM macht Ihre Zielstrebigkeit und Körperhaltung einen Unterschied, auch am Telefon. Spüren Sie Ihre Stärke, und: Legen Sie los.

KAPITEL 7: SUCHE

Sich in die Welt vertiefen

Apnoetauchen ist Suchen. Suchen nach den eigenen Grenzen. Suchen nach Erfolg. Suchen nach Verbundenheit mit anderen. Suchen nach Anerkennung. Anerkennung unter Freitauchern oder zu Hause, im Beruf, bei Leuten, die den Exoten neu ansehen, mit Respekt in den Augen. Jeder Freitaucher ist auf der Suche nach etwas, so wie alle Menschen es sind. Manche gehen auf dieser Suche weiter in die Welt hinaus als andere.

Für mich ist Freitauchen die Suche nach dem Unerforschten und Unfassbaren. Die fremden Sonnensysteme, die mich faszinieren, kann ich auf Fotos sehen oder am Nachthimmel, der weit draußen über dem Meer besonders nahe ist. Ich kann ein Teleskop auf sie richten und versuchen zu verstehen, dass ihr Leuchten seit Jahrhunderten zu mir unterwegs ist – doch sie bleiben nichts als ein Gedanke.

Wie die Unendlichkeit des Universums ist auch die Weite der Ozeane eine Unbegreifbarkeit in meiner Welt, aber sie ist eine, der ich mich aussetzen kann. Sie ist endlos, unverstanden, weniger bekannt als der Mond. Sie ist gläsern, hell und blau oder undurchdringlich, düster und schwarz. Die Nacht des Meeres. Wie das Weltall passt sie nicht in einen fassbaren Gedanken. Doch anders als das All kann ich sie mit Körper und Geist berühren, mich ihrem einzigartigen Licht ausliefern und dabei erleben, dass der Delfin, der mit mir spielt, den Tauchreflex hat, so wie ich. Dass wir sie teilen, die Welt der Tiefe. Und mit den Erlebnissen kann ich sie in mir tragen.

Im Meer suche ich vieles. Ich suche Sport. Suche die Anstrengung und die Motivation. Die Herausforderung und die Aufregung. Die Kameradschaft im freundlichen Wettstreit mit den anderen, die ebenfalls suchen, jeder auf seine Weise und aus eigenen Gründen. Ich suche Erfolg und das Gefühl, mein Wissen auszudehnen, suche Expertise und die Freude, sie weiterzugeben. Ich suche das Risiko, doch nicht die Lebensgefahr, die ich nicht brauche, um mein Leben zu spüren, das ich weit unten, fern von der Oberfläche, ebenso intensiv fühle wie in den Bergen oder den wilden Städten, die mein Zuhause sind.

Sich den wahren Gründen zu stellen, aus denen man etwas tut, ist für mich wichtig. Zu wissen, warum man sich der Suche aussetzt, bedeutet zu verstehen, wer man ist. Nur wenn ich meinen eigenen Antrieb klar sehe, kann ich erkennen, ob ich mich auf unsinnigen Wegen verliere und anfange, mich selbst zu betrügen. Erst wenn ich weiß, wer ich bin, mit all den Zweifeln und den Unsicherheiten, die ich akzeptieren muss, bin ich in der Lage, meine Wahl zu treffen und zu ihr zu stehen. Zu wissen, warum ich sie getroffen habe, und zu wissen, ob sie richtig oder falsch war, oder ein bisschen von beidem.

Nachdem ich bereits ein paar Jahre Apnoetaucherin war, entbrannte in der deutschen Szene eine Diskussion, denn man hatte im Dachverband beschlossen, einen Nationalkader einzurichten. Um zu einer WM fahren zu dürfen, musste man Teil des Kaders werden, für den man sich umständlich bewerben sollte. Auf genauere Nachfrage nach dem Sinn des Kaders in diesem kleinen Sport antwortete man: »Wenn man im Nationalkader ist, dann ist man wer.«

Auch der Wunsch, im Leben etwas darzustellen, ist ein legitimer Grund, eine Aktivität zu verfolgen. Wichtig ist für mich dabei, dass man sich selbst gegenüber ehrlich ist. Wenn man seine eigene Motivation hinterfragt, wird man verstehen, nach welcher Art von Erfolg man strebt und warum. Denn es gibt viele Varianten, die wir suchen können – auch als Freitaucher. Leider werden häufig nur Wettkampfergebnisse dazu gezählt. Dabei sind das die simpelsten und vielleicht unwichtigsten Erfolge, die für sich allein selten zu erfüllenden Erlebnissen führen. Geht es nur darum, den Rekord eines Tages zu erreichen, gerät man in eine schwierige Lage. Wenn man einem solchen Vorhaben alles unterordnet, ist es leicht, sich und seine Persönlichkeit zu verlieren.

Ich liebe es, mir spannende Dinge vorzunehmen. Doch sie dienen vor allem der persönlichen Motivation. Ich verknüpfe meine Identität nicht mit dem erreichten Ziel, sondern mit dem, was ich auf dem Weg dorthin erlebt habe. Bevor ich etwas beginne, frage ich mich, was genau mich daran anzieht. Wer weiß, was er sucht, und warum, findet fast automatisch Bereicherung.

Nach meinem verpassten Weltrekord in 130 Metern Tiefe nahm ich im Jahr darauf einen zweiten Anlauf. Alles lief perfekt, ich hatte genug Zeit, und die Arbeit aus dem Vorjahr zahlte sich aus. Ich war bereit wie nie zuvor. Ich trainierte in Sharm el Sheikh, in zwei Wochen sollte es so weit sein, als ich den Anruf erhielt: Meine Mutter war in Berlin über die Straße gelaufen, schnell mal rüber, wie man es so macht, dabei hatte ein Transporter sie angefahren, ihre Hüfte war zertrümmert, ihr Gehirn blutete, sie war auf dem Weg zur Notoperation. Nur mit meinem Pass in der Hand stürzte ich zum Flughafen und traf mit meinen Brüdern bei ihr ein. Obwohl sie, nur halb wach, versuchte, mich wegzuschicken, zurück zu meinem Traum vom Weltrekord, hatte ich keinen Gedanken mehr für den Versuch übrig. Er war ausgelöscht, und ich trauerte ihm keine Sekunde nach.

Im Jahr darauf versuchte ich es noch einmal. Wieder war ich körperlich fit, noch stärker als beide Jahre zuvor. Ich wusste, ich konnte es schaffen. Doch das Wetter wehrte sich, jede Woche blies der Wind. Er riss die Plattform los und zwang mich, vom Ufer aus auf die Wellen zu blicken. Tag für Tag war das Meer grimmig und rau. Ein Team des ZDF begleitete mich beim Training, als die Entscheidung fiel: Wir sagen den Versuch ab.

»Es tut uns so leid«, sagten die Männer der Film-Crew zu mir, »jetzt war alles umsonst, das harte Training, die Zeit, das Geld.«

Ich staunte. Nichts war umsonst, warum auch? Meine Leidenschaft ist es, mich dem Meer zu stellen und der Herausforderung der Tiefe. Jeder Moment zählte, jeder Euro, den es gekostet hatte, war gut investiert, denn ich durfte tauchen. Drei Mal hatte ich es vergeblich probiert und dabei nie das Gefühl gehabt, etwas zu verlieren. Wer die Sache an sich nicht aus ganzem Herzen liebt, sondern nur den Erfolg sucht, der muss sich fragen, warum er sein Ziel verfolgt.

Die persönliche Motivation zu verstehen ist wichtig. Meine Freundin Liv Philip kann zurzeit nicht tauchen. Sie muss zusehen, wie wir anderen weit entfernt vom Alltag in die blaue Tiefe fallen. Doch die Krankheit ihrer Mutter macht jeden Augenblick, den Liv für sie da sein kann, zu einem kostbaren Schatz. Diese Momente sind mehr wert als das Ausleben ihrer Leidenschaft, die sie so oder so in sich trägt.

»Ich könnte meine Mutter hier bei Pflegern lassen«, sagt sie, »könnte Rekorde aufstellen und erklären, ich wolle sie damit stolz machen. Aber die Wahrheit ist, ich würde es für mich tun und nicht für sie. Und auch das wäre in Ordnung. Nicht in Ordnung wäre, dabei mir selbst gegenüber nicht ehrlich zu sein. Ich wähle die Zeit mit meiner Mutter, auch wenn es manchmal schmerzt, weil ein Teil von mir tauchen will. Aber ich kann es aushalten, ohne bitter zu sein, denn ich habe mich bewusst entschieden. Die Tiefe ist immer da, wenn ich bereit bin zurückzukehren.«

Vor dieser Klarheit habe ich Respekt. Zeigen wir, dass es

gut ist, einen Traum zu haben, aber dass der Weg dorthin der eigentliche Schatz ist. Dass auch persönliche Ziele, die keine Resonanz in der Öffentlichkeit finden, wertvoll sind, ganz ohne Rekord. Dass es genug ist zu sagen: Ich will mich einer Herausforderung stellen. Will Ängste und Hürden überwinden. Ich will alles geben und es genießen, jeden Schritt davon.

Persönlich ist mir die Suche nach immer neuen Wegen, auf denen ich etwas entdecken oder lernen kann, am wichtigsten. Dabei gerate ich gerne auf die Pfade, die nicht besonders einfach zu beschreiten sind, eine Angewohnheit, für die ich mich im Nachhinein häufig verfluche. Ein schönes Beispiel ist ein Wettkampftauchgang in Dahab, als ich noch ganz am Anfang stand. Aus irgendeinem Grund hatte ich 40 Meter ohne Flossen angekündigt, eine Horrorvorstellung. Noch während ich »three, two, one, official top« hörte, versuchte ich mich selbst davon zu überzeugen, dass es einfach sein würde. Mit einem kräftigen Armzug würde ich die Oberfläche verlassen und scheinbar mühelos in die Tiefe fliegen. Ohne Flossen, wie ein Leistungsschwimmer, der durch das Wasser zieht, als gäbe es keinen Widerstand.

So die Theorie. Doch schon beim Abtauchen wurde klar: Für mich sollte es anders laufen. Ich spürte, wie mein Hinterteil irgendwie komisch aus dem Wasser kam. Statt sanft nach unten zu gleiten, drängte mich der Auftrieb mit einem kleinen Wippen wieder zurück. Ich zwang meinen widerspenstigen Körper unter Wasser, doch die Eleganz war flöten. Mein linker Fuß blieb an der Leine hängen, die Nasenklammer saß nicht fest genug. Nach drei mühseligen Armzügen war ich bei fünf Metern angekommen. »Das ist schon mal geschafft«, dachte ich, und: »Wessen dumme Idee war das?« Jeder Meter war ein Kampf. Ich lag im Streit mit dem Wasser und meinem Kopf. Während ich mich nach unten arbeitete, diskutierte ich mit mir, den ganzen Weg nach unten und den ganzen Weg zurück.

Es war die Hölle, ein mentaler Kraftakt, den ich so schnell nicht vergessen sollte.

»Das mache ich nie wieder«, sagte ich kurz darauf zu Will Winram, der mich gecoacht hatte. Er runzelte die Stirn und grinste mich an.

»Ich muss schon sagen«, meinte er, »ich hätte nicht gedacht, dass du es mit der Technik wieder nach oben schaffst. Du bist wie die Hummel, die nicht weiß, dass sie gar nicht fliegen kann, und es einfach trotzdem macht!«

Nach Ansicht des legendären Crossfit-Coach Ben Bergeron ist es eine besondere Sorte von Masochismus, genau das zu tun, worin man schlecht ist – eine besonders wichtige.

Er hat recht. Es ist einfach, mit Begeisterung die Aktivitäten zu verfolgen, für die man Talent hat. Nichts macht mir mehr Freude als auf dem Schlitten in die Tiefe zu sausen, und nichts ist schrecklicher für mich, als ohne Flossen die Oberfläche zu verlassen. Da man im Leben nicht für alles Platz hat, ergibt es Sinn, seine Zeit auf die Sachen zu verwenden, die einem liegen.

Oder? Crossfit ist eine Sportart, in der man jeden Tag ein anderes »Work-out des Tages« vorgesetzt bekommt – abends kann man im Internet nachsehen, was am nächsten Tag ansteht. Entdecke ich Rudern auf dem Programm, will ich sofort kneifen. Ich hasse es mit Leidenschaft. Doch gerade jetzt weiß ich: Ich muss hingehen. Denn genau das, was ich am wenigsten mag, ist das, was ich am meisten üben sollte. Fluchend setze ich mich auf das Gerät und denke mir: Ich lasse mich mental nicht von diesem Ding besiegen! Wenn ich am Ende von der schrecklichen Maschine falle, bin ich nach wie vor der Ansicht, dass es grauenvoll ist, zu rudern, aber ich empfinde eine ungemeine Genugtuung daran, dass es mich nicht überwältigt hat. Ich habe bestimmt, wie die Sache laufen wird.

Nachdem ich den 40-Meter-Rekord im Tieftauchen ohne Flossen überstanden hatte, schwor ich mir, die Finger davon zu lassen, und ignorierte diesen Teil des Sports für einige Jahre komplett. Ich musste mir meine wertvolle Trainingszeit einteilen. Da mir diese Disziplin nicht lag, war es logisch, sie auszuklammern. Doch hin und wieder überraschte ich mich bei dem Gedanken: »50 Meter müssten doch gehen?« Ich wusste, eines Tages würde ich mich dieser Hürde stellen.

Es ist leicht, sich mit Freunden zu einem Marathon anzumelden, wenn man sicher ist, man wird der Schnellste der Gruppe sein. Leicht, das zu wiederholen, was man schon immer getan hat. Man bestätigt sich. Das Ego bleibt intakt und hält einen, wie üblich, zurück.

Es macht mir nicht unbedingt Spaß, die Dinge anzugehen, die mir schwerfallen – ich fluche, ich beschwere mich bei meinem Coach und dem Trainingspartner, ich jammere und frage mich, warum ich nicht einfach einen Kaffee trinken gehen kann, wie normale Menschen. Dass man auf der Suche nach Grenzen und nach Potenzial nicht alles mag, was einem begegnet, ist selbstverständlich. Es ist nicht nötig, so zu tun, als wäre jeder Moment phänomenal – er ist es nicht. Genau das aber gehört dazu. Den Frust auszuhalten, die ekelhaften Trainingseinheiten zu überstehen, sich den Dingen zu stellen, in denen man Defizite hat und sich quält. Allein darin liegt schon ein Sieg: der, sich nicht unterkriegen zu lassen. Wer ihn sucht, stößt unweigerlich auf den Erfolg der persönlichen Veränderung.

Ich wusste, dass ich mich mit meiner größten Hürde im Apnoetauchen irgendwann auseinandersetzen würde. 2015 begann ich, mit der Bundeswehr zusammenzuarbeiten, ein großes Projekt, das fast meine gesamte Zeit fraß. Ich hatte kaum Gelegenheit zu tauchen. Trotz allem meldete ich mich zum Wettkampf Vertical Blue auf den Bahamas an, denn ich hatte mir ein Ziel gesteckt: das »Tieftauchen ohne Flossen« endlich richtig anzugehen. Nach einer Pause von neun Monaten hatte ich vor dem Wettkampf nur drei Wochen übrig, um zu trainieren. Doch für die Gewöhnung an die maximale Tiefe muss man sich

Zeit nehmen – je länger man davon wegbleibt, desto schwerer ist es, Körper und Geist wieder darauf einzustellen.

Der Tauchreflex hilft uns, den enormen Druck, dem die Lunge beim Apnoetauchen ausgesetzt ist, zu verkraften. Mit Training wird dieser Urinstinkt langsam stärker und beschützt meinen Körper immer mehr. Ich werde weich, mein Zwerchfell gibt nach, Entspannung und Ruhe kehren ein. Dadurch werden die Muskeln locker, Brustkorb und Rippen lassen sich komprimieren. Die Gefäße in und um die Lunge herum schwellen an und übernehmen einen Teil des Raums, der durch die Verkleinerung der Lunge über den Wasserdruck entsteht. Die Anpassung von Körper und Geist an die Tiefe zu spüren ist reine Magie, doch diese Funktionen brauchen Zeit, um ihr Potenzial zu entfalten – mehr Zeit, als mir zur Verfügung stand. Möglicherweise würde ich trotz allem sicher die Tiefe zu erreichen, doch dafür müsste ich eine Verletzung riskieren. Ich verzichtete lieber auf den Wettkampferfolg, als mich dieser Gefahr auszusetzen.

Ich musste mir also die Frage stellen, was ich mit den drei knappen Wochen auf den Bahamas anfangen könnte. Die logische Antwort war, meine schlechteste Disziplin anzugehen, die, in der ich dramatische Defizite hatte: das Tieftauchen ohne Flossen. Auf diese Weise würde ich in einem Bereich um die 50 Meter bleiben – den dort herrschenden Druck könnte mein Körper auch ohne viel Vorbereitung problemlos bewältigen. Dieses Mal lag die Herausforderung nicht in der maximalen Tiefe, sondern darin, exakt das zu tun, was ich nicht mochte.

Ich stand vor einer schwierigen Aufgabe, denn ich hatte kaum Erfahrung im Tieftauchen ohne Flossen und nur wenig Zeit, mich darauf vorzubereiten. Diese Art zu tauchen ist komplex und hängt sehr von der Schwimmtechnik ab, eines meiner größten Defizite. »Ohne Pooltraining wird es schwierig«, sagte Will Winram zu mir. Idealerweise hätte ich über den Winter viele Wochen im Schwimmbad eingeplant, doch die Wahrscheinlichkeit, dass ich das mit meinem Arbeitsrhythmus und der fehlenden Selbstdisziplin schaffen würde, ging gegen null.

Genau jetzt kam es darauf an, mir selbst nichts vorzumachen und ehrlich abzuwägen, was für eine Art von Training realistisch wäre – was würde ich tatsächlich durchhalten, und was könnte ich damit erreichen? Worauf sollte ich mich konzentrieren, um das beste Ergebnis zu erzielen? Ich beschloss, mich körperlich in den besten Zustand zu bringen, der möglich war, und gezielt an Kraftaufbau und anaerober Leistungsfähigkeit zu arbeiten. Zusätzlich suchte ich zum ersten Mal die Hilfe einer professionellen Sport-Ernährungsberaterin, um mein Körperfett zu senken. Auf diese Weise würde sich mein Auftrieb im Wasser reduzieren – für die Disziplin »No Fins« ein Vorteil, denn hier machen jede 100 Gramm Blei, die man zum Abtauchen braucht und aus der Tiefe mit nach oben bringen muss, einen großen Unterschied.

Es fiel mir schwer, mich genau an den Plan zu halten, denn in vielerlei Beziehung widersprach er meinem Instinkt. Ich aß mehr als vorher, trainierte weniger, aber intensiver und gelangte in die Form meines Lebens. Als ich auf den Bahamas eintraf, war ich stärker als je zuvor.

Die Tauchgänge waren trotz allem hart. Ich bat William Winram um eine Ferndiagnose meiner Technik per Video und konnte mich mit seiner Hilfe ein wenig verbessern. Der Rest war eine Frage von Willen, Selbstvertrauen und der Bereitschaft, mich dieser Herausforderung zu stellen. Nach nur drei Wochen Training tauchte ich zwei deutsche Rekorde in »No Fins«. Ein Jahr später holte ich einen weiteren und landete in der WM 2017 auf dem siebten Platz. In zwei Jahren mit jeweils drei Wochen Training hatte ich mich in meiner schlechtesten Disziplin bis unter die zehn Besten der Welt vorgearbeitet. Ich stellte wieder einmal fest, dass ich über die Lust an der reinen Herausforderung Freude an fast allem finden kann und dass sich dabei der Erfolg als ein Nebeneffekt einstellt.

Obwohl man beim Apnoetauchen sein Risiko gut managen kann, ist es bei der Suche nach unseren Fähigkeiten unter Wasser natürlich zu jeder Zeit präsent. In den letzten Jahren ist der Sport stark gewachsen – immer mehr Leute streben in der Tiefe nach verschiedensten Erfahrungen, aus den unterschiedlichsten Gründen. Damit steigt auch der Anteil derer, die sich schwer damit tun, auf sich selbst zu achten. Seit einiger Zeit führen wir daher in der Szene eine angeregte Diskussion darüber, wie man verhindern kann, dass Leute in Wettkämpfen weit über ihre Grenzen hinausgehen und sich verletzen. Wir denken über Einschränkungen und kompliziertere Regeln nach. Es ist ein schwieriges Thema, für das es keine perfekte Lösung gibt. Aus meiner Sicht sind zu viele Verbote der falsche Weg – wir müssen uns darauf zurückbesinnen, dass jeder für sich selbst verantwortlich ist. Im Klima des Verklagens ist es zu einfach geworden, die Schuld beim Organisator zu suchen. Wer es bei einem Marathon übertreibt, hat das ebenso für sich beschlossen wie ein Apnoetaucher, der sich übernimmt. Für mich ist diese Selbstverantwortung eine Grundlage, die sich auf das ganze Leben bezieht. Vor allem, wenn wir Extrembereiche suchen, aus welchen persönlichen Gründen auch immer, ist sie eine Voraussetzung, von der uns niemand befreien kann.

Trotz aller Vorsicht bei der Selbsteinschätzung – wer sich ausprobiert und testet, wird hin und wieder an eine Grenze stoßen. Nicht immer läuft alles glatt. Im Jahr 2016 fühlte ich mich zu Vertical Blue außergewöhnlich stark. Schon am ersten Tag gelangen mir ein deutscher Rekord und eine persönliche Bestleistung mit einem 52-Meter-Tauchgang, die ich wenig später noch um drei weitere Meter verbessern konnte. Am letzten Tag versuchte ich meine Risiko-Variante: 58 Meter, ohne Flossen. Ich war nervös, aber beim Start bester Dinge. Unten angekommen, drehte ich um, machte einen kräftigen Armzug, brachte meine Hände dicht am Körper wieder nach oben und streifte mir aus Versehen die Nasenklammer ab.

»Macht nichts«, dachte ich und sog mit der nächsten Zwerchfellkontraktion einen Schwung Salzwasser ein. »Ist ja bloß Wasser.«

In meinem Kopf sang ich »weiterschwimmen, immer weiterschwimmen« vor mich hin.

Bald sah ich die Sicherheitstaucher und freute mich, bis ich bemerkte, dass die Pixelwolke am Rande meines Gesichtsfeldes erschien.

»Oh, oh«, dachte ich, »das ist jetzt schlecht.«

Mit dem nächsten Armzug wusste ich: Das wird nichts mehr. »Den hast du vermasselt« war mein letzter Gedanke. Es gibt Videoaufnahmen, auf denen deutlich erkennbar ist, wie ich die Sicherheitstaucher anlächle, bevor ich ihnen in die Arme falle und sie mich nach oben bringen.

Trotz allem freute ich mich darüber, mich dieser Herausforderung gestellt zu haben und dass ich unter besten Bedingungen meine Grenzen ausprobieren durfte – in zehn Jahren war es einer von nur vier Tauchgängen, in denen ich sie überschritt. Obwohl ich den Rekord verpasst und ärgerliche Fehler auf dem Weg nach unten gemacht hatte, war ich in bester Stimmung, denn ich wusste, dass diese Fehler Spielraum bedeuteten und dass in ihnen die Möglichkeit für Wachstum steckte.

Wenn ich mit meinem Crossfit-Coach trainiere, ist es ähnlich. Ständig entdeckt er Dinge, die ich überhaupt nicht kann. Wie ein nasser Sack hänge ich an der Stange und kriege die Füße nicht nach oben, schaffe einen Handstand noch nicht mal an der Wand und bekomme die Hantelstange nicht gerade über den Kopf. Jedes Mal verfluche ich ihn und fange an zu lachen. Ich weiß, er ist gnadenlos. Ich weiß, ich werde mich auch in diesem Bereich verbessern, denn ich bin enorm stur und freue mich sofort darauf, dieses Defizit zu überwinden. »Das wäre doch gelacht« ist ein Satz, der mir häufig in den Sinn kommt.

Als ich mit Crossfit anfing, war ich unfähig, auch nur ansatzweise die »rope climbs« zu bewältigen, bei denen man an einem dicken Seil bis unter die Decke klettert. Später kam ich bis nach oben, aber hatte schreckliche Angst, von dort herunterzufallen. Inzwischen erscheinen sie mir nicht bloß einfach, sie machen Spaß. Es gibt ständig Situationen im Leben, in denen das Ende des Seils in weiter Ferne zu liegen scheint. Doch immer in Reichweite ist der erste Schritt, ganz gleich, von wo aus man startet. Ihn zu machen, jedes Mal aufs Neue, ist das Geheimnis. Wer die Suche nie aufgibt, dem wird nie langweilig. Er wird sich verbessern, egal, wie stark oder wie schnell.

Während ich diese Zeilen schreibe, schwanke ich stündlich zwischen extremen Stimmungslagen. Meine Gedanken reichen von: »Das ist ganz okay« über »Ich schreibe das langweiligste Buch der Welt« zu »Ist das peinlich – am besten, ich wandere aus«. So wie vieles im Apnoetauchen erfüllt mich dieses Projekt in gleichem Maße mit Panik und großer Aufregung. Doch ich habe beschlossen, mich der Aufgabe ebenso zu stellen wie allen anderen. Sie erschreckt und fordert mich, und ich weiß: In jedem Fall finde ich heraus, was mir beim Schreiben schwerfällt, wie viel Zeit ich brauche und wie ich es in Zukunft anders machen würde – und vielleicht entscheide ich, es nie wieder zu tun. Sicher ist, dass ich weiter erste Schritte gehen werde – wohin auch immer sie mich führen mögen.

Vielleicht ist da etwas, in dem Sie nicht gut sind, aber das Sie gerne können würden. Wie wäre es mit einem Anfang? Neben dem Buch ist mein nächstes Projekt der Handstand. Dabei ist eines klar: Bis ich den lerne, wird es dauern. Und: Ich fürchte mich schon jetzt.

KAPITEL 8: STAUNEN

Die Macht der Erlebnisse

In meiner Erinnerung sehe ich das Licht der Tiefe. Ein bläulicher Schein dringt durch meine geschlossenen Augenlider. Er berührt mein Gesicht wie das warme Wasser, das mich umgibt, in einer seltsamen Mischung aus Dämmerung und Klarheit. Reglos hänge ich am Seil. Weit weg, oben, wartet Sergio, ein Schutzengel, der ins Meer gefallen ist. Der Raum um mich ist endlos. Wie im Traum treibe ich dahin, körperlos, die Leine zwischen zwei Fingern ist die letzte Verbindung zur Welt, das Geräusch meines Herzschlags der Rhythmus des Lebens. Ich verharre, still, bis ein sechster Sinn mir sagt: »Öffne die Augen.«

Aus dem Blau, das in der Ferne dichter wird, segelt ein riesiger Schatten auf mich zu. Es ist ein Mantarochen, der mit sanften Flügelschlägen durchs Wasser zieht und mich umkreist, so nah, dass eine Berührung möglich wäre. Eine, die ich vermeide, denn: »Ansehen, nicht anfassen« ist eine Philosophie, die mir wichtig ist. Neugierig betrachten wir uns, bis er in der Weite verschwindet, wie ein Meeresgeist, der sich gezeigt hat, bevor er langsam wieder unsichtbar wird. Als ich mich auf den Weg mache, zurück in die Welt des Atmens, trage ich sein Bild mit nach oben – das Bild einer Begegnung, die mir gehört. Für immer.

Ich trainierte in Sharm el Sheikh für den dritten Versuch, einen Weltrekord im variablen Gewicht aufzustellen, als mich der Rochen besuchte. Bis heute ist es eines der schönsten Erlebnisse, die ich unter Wasser je hatte. Der Regisseur James Cameron, der unter Lebensgefahr in einem U-Boot 10 000 Meter zur tiefsten Stelle des Marianengrabens tauchte, wurde später gefragt, warum er dieses Risiko eingegangen war. »Weil es mein Herz mit Staunen erfüllt«, antwortete er und sprach mir aus der Seele.

»Hast du da unten etwas gesehen?«, höre ich oft, denn für die meisten ergibt Tauchen nur Sinn, wenn man dabei etwas entdeckt, im Idealfall Meeresgetier. Ich habe tatsächlich in großen Tiefen Lebewesen gesehen und betrachte auch die kleinsten Begegnungen, egal wo sie stattfinden, als besonderen Schatz. Erst dieses Jahr schwamm ein winziger, leuchtend gelber Fisch, der unter meiner Maske Schutz gesucht hatte, mit verzweifelten Flossenschlägen dicht vor meinen Augen bis in 65 Meter. Er hatte nicht damit gerechnet, dass sich sein Versteck bewegen würde, und den Moment des Ausstiegs verpasst, also begleitete er mich bis nach unten und stahl mir die Konzentration, denn ich musste den ganzen Weg über schmunzeln.

Ich liebe solche Momente, doch auch ohne etwas Besonderes zu entdecken ist die Welt unter Wasser für mich einmalig schön. Es gab schon immer zwei Seiten beim Tauchen, die mich gleichermaßen anziehen. Auf der einen Seite ist es die Faszination, die verschiedensten Dinge zu sehen. Dazu gehören große Haie und Rochen genauso wie durchsichtige Garnelen, die sich in einer Koralle verstecken, oder der sandfarbene Fisch, der in Partnerschaft mit einer Krabbe lebt, die das Haus baut, in dem sie wohnen, während er Wache steht. Wracks im Mittelmeer gehören ebenso dazu wie leuchtend grüne Unterwasserwiesen in einem deutschen See, auf denen dicke Karpfen grasen. Es gibt unendlich viel zu entdecken.

Und dann ist da die schiere physische Erfahrung, mich in dieser Welt aufzuhalten, in die ich nicht gehöre, und sie mit allen Sinnen zu erleben. Dazu gehört das Tauchen im puren Blau, bei dem man in alle Richtungen nichts sieht als Licht, als wäre man in einem losgelösten Raum. Ebenso dazu gehört das Tauchen an Steilwänden, wie am Shark Reef im Roten Meer. An der südlichsten Spitze des Sinai gelegen, fällt die Außenseite der runden Felsnadel, die bis an die Oberfläche ragt, in 900 Meter Tiefe ab. Dort lasse ich mich treiben, unter mir das bodenlose Nichts, über dem ich schwebe wie ein Astronaut, der im Weltall über der Erde hängt. Und letztlich gehört die reine Erfahrung der Tiefe an sich dazu, die ich mit einem einzigen Atemzug erreichen kann. Körper und Geist an der Grenze des Machbaren und doch innerhalb ihres Rahmens, der sich immer wieder als größer herausstellt, als ich erwartet hätte.

Mit dem Apnoetauchen ist die Dimension des Sports hinzugekommen. Sie ist eine Herausforderung, die große Chancen für Wachstum, Motivation und das kostbare Erlebnis sozialer Bindung in sich birgt – doch sie ist auch eine Gefahr. Eh man sich's versieht, geht es ausschließlich ums Training. In jedem Tauchgang sucht man das Resultat, außerhalb dessen er nichts wert ist. Wenn die Ergebnisse sich nicht einstellen wollen, ist man verärgert.

In zehn Jahren habe ich 33 deutsche Rekorde aufgestellt, sodass manchmal der Eindruck entsteht, nach ihnen zu jagen sei meine hauptsächliche Motivation. Tatsächlich waren sie ein Teil meiner natürlichen Weiterentwicklung, denn in den meisten Fällen überbot ich mich selbst. Die Tauchgänge in 130 Meter Tiefe mit Trimix waren weitaus riskanter, als die gleiche Tiefe in Apnoe zu bewältigen – Tauchgänge, die ich, weitab vom Blick der Öffentlichkeit und sozialen Netzwerken, schon Jahre vor dem Apnoetauchen einfach nur für mich unternahm. Schon zu Beginn meiner Apnoekarriere wusste ich: Sollte ich spüren, dass mir im Rahmen des Wettkampfzirkus die Liebe zum Entdecken verloren ginge, würde ich einen Schritt zurücktreten und nach neuen Erfahrungen suchen. Denn die Welt da draußen zu erleben ist mir ebenso ein Bedürfnis wie mich sportlich zu testen und zu fordern – im besten Fall geschieht beides zugleich.

Wenn man mich nach meinen schönsten Erlebnissen beim

Tauchen fragt, fällt es mir schwer, zu antworten, denn sie sind zahllos. Von der Schildkröte im Ras-Mohammed-Nationalpark, die gemeinsam mit mir auftauchte, um Luft zu holen, und mit mir wieder herunterschwamm, über die Delfine, die uns in Sharm el Sheikh beim Training besuchten, habe ich viele einmalige Dinge sehen dürfen. Das Rote Meer ist unglaublich voll mit Leben, über wie unter Wasser. Während Luda der Barracuda den Platz unter der Plattform für sich beansprucht, lebt auf ihr ein kleiner Seevogel mit langem, spitzem Schnabel. Wir haben ihn Henry getauft. Still sitzt er an der Kante, fixiert die Oberfläche und wartet darauf, dass sich ein Fisch zu weit vorwagt, während er uns ignoriert. Erzeugen wir zu viel Unruhe, hüpft er entnervt auf die andere Seite. Manchmal wird er von einem der beiden Adler abgelöst, die die Fahnenstange vor der Tauchbasis als ihren Aussichtspunkt nutzen, von dem aus sie das Riff im Blick haben, auf das sie herunterstoßen, um kurz darauf mit einem der bunten Papageienfische in den Klauen dicht über unsere Köpfe zu fliegen.

Einmal umkreiste uns bei einem Wettkampf eine Stunde lang ein großer Weißspitzen-Hochseehai, der sich bis auf wenige Meter näherte und den ich fasziniert beobachtete, während ich mich vorbereitete. Jeden einzelnen Tag gibt es etwas zu sehen und zu erleben. Wenn man die Schönheit des Lichts bei einem Training im Morgengrauen im Stress des Tauchgangs nicht mehr wahrnimmt, ist es Zeit innezuhalten, denn man ist dabei, sich die eigene Leidenschaft zu zerstören. Sie zu pflegen ist wichtiger als jeder Rekord und bedeutet, langfristig erfolgreich zu sein, denn nichts hilft einem so sehr über die Höhen und Tiefen des Sports wie die ehrliche Liebe zur Sache an sich.

Ein einmaliger Ort für uns Apnoetaucher ist Dean's Blue Hole auf den Bahamas, wo William Trubridge jedes Jahr den Wettkampf Vertical Blue organisiert. Man muss sehr motiviert sein, um die Reise dorthin anzutreten, denn allein für den Weg braucht man mindestens zwei Tage. Wer auf dem winzigen

Flughafen landet, der kaum größer als ein Kiosk ist, sieht sich erst mal verwundert nach den Palmen um, die man von der Postkartenidylle der Karibik erwartet. Wenn meine Freunde zu Hause hören, dass ich zu einem Wettkampf auf die Bahamas fahre, rollen sie mit den Augen und sagen: »Du hast es gut!« Und sie haben recht, das habe ich. Aber auf ganz andere Weise, als sie denken.

Long Island ist abgelegen und wenig entwickelt. Es gibt niedrige, struppige Vegetation und keine Hotels. Zu horrenden Preisen mieten wir dort Holzhäuser, die im Gebüsch auf Stelzen stehen, und richten uns dort so gut wie möglich ein. Dazu kommt ein rostiges Mietauto mit abgefahrenen Reifen, denn der einzige winzige Supermarkt ist 30 Fahrminuten entfernt. Einmal die Woche legt das Versorgungsschiff an, dann gibt es frische Ware – ein wenig Gemüse, etwas Obst und frische Milch. An Dienstagen fahren wir Freitaucher stündlich dort vorbei und sehen nach, ob die Kisten schon da sind, um Bananen zu hamstern. Danach gibt es wieder nichts, für eine weitere Woche.

Als ich das erste Mal dort war, mietete ich mit Liv ein kleines gelbes Haus in Clarence Town. Town, dachte ich, eine Kleinstadt, dort wird man schon ein Lebensmittelgeschäft finden, eine Post, eine Bank und vielleicht ein Café. Doch da war nichts, außer Kirchen und in der Vegetation verstreuten Häusern ohne Adresse. Am Ende der mit Schlaglöchern übersäten Straße liegt ein kleiner Hafen, dort gibt es ein Restaurant, in dem wir manchmal einen Salat essen, oder einen Burger, mit Fleisch von den Schweinen, die dort wild leben und die der Besitzer selbst erlegt.

Meine Freunde zu Hause stellen sich vor, dass wir in einem Fünfsternehotel am Strand sitzen und uns von einem Kellner Getränke mit Schirmchen bringen lassen. In Wahrheit fahren wir nach dem Training kilometerweit bis zum Hardwarestore, einer Art Baumarkt, in dem man vom Bootsmotor bis zum

Nagellack alles bekommt. Dort gibt es am Ende des Gangs mit den Klodeckeln und Rohren unter Neonlicht einen kleinen Tresen mit Barhockern und in der Ecke zwei runde Tische. Nach langem Warten wird einem der ersehnte Kaffee serviert – von Karibik-Romantik keine Spur.

Der Aufenthalt an diesem wenig glamourösen Ort kostet nebenbei ein Vermögen. Und doch ist es einer der faszinierendsten Plätze, an denen ich je war, denn über eine unbefestigte Straße mit riesigen Löchern und versandeten Stellen, durch die man mit den kleinen Mietautos mit Schwung fahren muss, um nicht stecken zu bleiben, gelangt man zu Dean's Blue Hole. Am Ende des Weges parkt man und geht ein paar Meter, bis man mit den Füßen im feinen weißen Bahamassand der Postkartenträume steht. Der kleine, halbrunde Strand ist an der linken Seite von einer Felsenempore begrenzt, die ihn zu drei viertel einschließt und vom offenen Meer trennt. Vor Urzeiten ist hier das Dach einer Höhle eingestürzt und hat Dean's Blue Hole erschaffen, das unweit vom Ufer bis in 202 Meter Tiefe versinkt. Das oberste Stück ist eng, wie ein Flaschenhals, der mit einem Durchmesser von vielleicht 30 Metern direkt nach unten führt. Danach springen die Wände zurück und verschwinden in einer schwarzen Dunkelheit, die vollkommen unerforscht ist. Große Fische verstecken sich unter dem Rand, manchmal kommen sie hervor und nähern sich den Tauchern, als wollten sie uns ebenso betrachten wie wir sie.

Diese Unterwasser-Kathedrale mit ihrem Licht, das nie den Boden erreicht, und seiner mysteriösen Aura ist eine Arena, in der sich die Besten der Welt treffen, um sich zu messen und um gemeinsam diesen Ort zu erleben. Er ist perfekt für uns, denn es gibt weder Strömung noch Wellengang, die uns stören. Dafür nehmen wir die komplizierte Logistik, die weite Reise und die enormen Kosten in Kauf. Wer an einem Tag mit klarer Sicht im Blue Hole gesehen hat, wie weißer Sand in einem Unterwasser-Wasserfall aus Korallenstaub in die schwarze Tiefe rieselt, und versucht hat, ihn mit den Händen zu fangen, der vergisst diesen Ort nie mehr.

Doch trotz guter Bedingungen gibt es auch im Blue Hole eine Herausforderung, die man bewältigen muss: den Mangel an Licht, der durch den Flaschenhals fällt. In der Tiefe herrscht ewige Nacht. Wenn man dort taucht, spürt man, wie sich die Dunkelheit auf die geschlossenen Augenlider legt. Der Raum um einen herum zieht sich zu, man fällt in die Schwärze, die sich nähert und einen umgibt. Wer das nicht gewohnt ist, hat das Gefühl, dass die Finsternis ihn langsam erdrückt, mit einer großen Hand, die sich um ihn schließt. Wenn man in der Tiefe die Augen öffnet, sieht man nichts, und doch spürt man den unerforschten Raum der Höhle, der sich um einen herum ausdehnt. Niemand weiß, wie weit.

Die Düsternis ist für die meisten Athleten beim ersten Mal ein Schock, sie müssen sich an die Einschränkung der Sinne gewöhnen und lernen, den Verlust der Wahrnehmung zu beherrschen. Sie kämpfen mit Desorientierung, mit Unbehagen, mit der Angst in der Tiefe und dem Impuls, nach oben zu sprinten, zurück zum Licht. Als ich das erste Mal dort war, verliebte ich mich auf der Stelle vorbehaltlos in diesen Ort mit allem, was zu ihm gehört. An manchen Tagen fällt für kurze Zeit die Sonne mit definierten Strahlen in den oberen Bereich wie durch ein Gottesfenster, das sich am Horizont in den Wolken öffnet, ein Anblick, der mich ebenso zum Staunen bringt wie die mysteriöse Finsternis in der Tiefe. Anders als die meisten, die dort zum ersten Mal tauchen, brauchte ich keine Gewöhnung, denn ich wurde unter Wasser schon häufig mit Dunkelheit konfrontiert. Diese Erfahrung ist eine Stärke, die mir im Sport hilft.

Von Anfang an war mir wichtig, außerhalb von Wettkämpfen regelmäßig das Erleben neuer Orte in den Vordergrund zu stellen. 2016 suchte ich dazu einen Tauchplatz aus, den ich aus meiner Kindheit kannte: den Walchensee in Bayern, mit 192 Metern der zweittiefste See Deutschlands. Er liegt nicht weit von Garmisch-Partenkirchen in den Alpen, 45 Minuten entfernt von dem Dorf, in dem ich aufwuchs. Als Kind war ich dort mit der Familie gewandert und später an seinen Steilwänden mit Flasche getaucht – diesmal würde ich ihn mit einem Atemzug erkunden. Wie ein Juwel liegt er eingebettet in die Berge, bei deren Anblick mich ein Gefühl von Heimat wie ein Echo durchdringt. Mit der Unterstützung von Frank Bittner, der dort eine Apnoeschule betreibt, würde ich mit dem Schlitten so tief wie möglich im See tauchen und gleichzeitig jeden Tag wandern, eine Woche lang, ein Projekt allein für mich.

Am ersten Morgen traf ich mich mit Frank an der »Galerie« – ein kleines Stück Uferstreifen hinter einer Straßendurchführung, die vor Steinschlag und Lawinen schützt. Dort parken an den Wochenenden im Sommer die Windsurfer mit Wohnwagen und betrachten die sanften Wellen, während sie einen Kaffee trinken und auf das richtige Wetter warten. Es war Juli, seit Tagen unglaublich heiß, und ich freute mich darauf, ins Wasser zu gehen. Bei 27 Grad zogen wir die fünf Millimeter dicken Anzüge an, denn trotz allem ist es in so einem Gewässer unten empfindlich kalt. Mit unserer Boje schwammen wir hinaus auf den See, der in der Sonne glitzerte. Es herrschte Flaute, die Surfer waren stillgelegt und sahen uns mit Blechtassen in der Hand vom Ufer aus zu.

»Ich geh runter und teste, wie sich die Kälte anfühlt«, sagte ich zu Frank, »aber du kannst das Seil schon mal auf 50 Meter setzen.«

Ein Bergsee hat seine eigenen Bedingungen, die ständig wechseln. Die erste Sprungschicht begegnete mir in zwölf Metern. Dic scharf abgesetzte Kälte ist wie ein Schlag, von dem man sich nicht überraschen lassen darf, sonst wehrt sich der Körper, er verkrampft und zerstört die Ruhe des Tauchgangs.

Ich sah auf den Tauchcomputer, um mir die Tiefe zu merken. Bald entdeckte ich die zweite Stufe in 35 Metern, hier fiel die Temperatur auf 6 Grad, kälter würde es nicht werden. Ich spürte, wie das Eiswasser sich in meinem Gesicht festbiss, ein Teil dieses kantigen Ortes voller eigener Schönheit, den man akzeptieren muss. Nach oben hin war das Licht smaragdgrün, wie ein Edelstein, durch den man in die Sonne schaut, nach unten sank es bald in eine tiefe Dämmerung, die in stilles Schwarz übergehen würde.

Wieder an der Oberfläche, stellte ich die winzige Lampe an, die ich an der Maske trug. Wir sprachen ab, dass ich kräftig am Seil ziehen würde, wenn ich umdrehte, damit Frank wüsste, wann er sich auf den Weg machen müsste, um mich zu sichern. »Ich denke, ich mache so 40 Meter«, sagte ich zu ihm. Er nickte, kein Problem.

Mit der klaren Luft der Alpen in meiner Lunge fiel ich auf die Tiefe zu, vom Licht des Sees umgeben. Ich fühlte die zweite Sprungschicht mit ihrer eisigen Hand, die sich um mich schloss. »Still«, sagte ich zu meinem Körper, es ist nur die Kälte. Still. Am Ende des Seils angekommen, öffnete ich die Augen. In 50 Metern hing ich mitten im Nichts, unter mir 100 Meter, um mich herum reine Finsternis. Aufgrund der niedrigen Temperaturen, die unten herrschen, und durch den Mangel an Licht wachsen dort keine Algen, sodass das Wasser von einer lupenreinen Klarheit ist und es wirkt, als wäre man von Luft umgeben. Vor mir leuchtete der Schein meiner winzigen Lampe auf das Blei, das das Ende des Seils beschwerte und frei in der samtenen Nacht hing. Ganz allein in der Tiefe, mit nichts als dieser dünnen Verbindung nach oben, erlebte ich einen Moment des reinen Staunens. Die Dunkelheit erdrückte mich nicht, sie zog sich nicht zu, sondern wirkte weit, endlos, ein riesiger Raum. Ich fühlte mich wie ein Astronaut, der einen Raumspaziergang macht und in der Schwärze des Weltalls schwebt.

»Das war mit das Schönste, was ich beim Tauchen je erlebt habe«, sagte ich später zu Frank. In dieser Woche tauchte ich immer morgens und stieg nachmittags auf die umliegenden Gipfel. Das Wetter schlug um, von 27 Grad und Sonne auf

8 Grad mit Regen, doch ich liebte alles an meiner Zeit dort, die Wildheit des Sees bei Wind ebenso wie die düstere Stimmung der Berge. Unterstützt von einem fantastischen Team Freitaucher, einer Ärztin und der Wasserwacht, die mich für verrückt hielten, tauchte ich 70 Meter in die eiskalte Tiefe, einfach so, um die reine Faszination zu erleben.

Im anspruchsvollen Vertical-Blue-Wettkampfklima auf den Bahamas war diese Art von Erlebnis ein Trumpf: Die Dunkelheit des lichtlosen Raumes des Dean's Blue Hole hielt mich nicht auf, denn ich kannte die Schwärze, mein Geist wehrte sich nicht dagegen. Wie so oft hatten mich die Erfahrungen, die ich außerhalb von Training und Wettkampf gesammelt hatte, in meinem Sport zur stärkeren Athletin gemacht.

Meine Neugierde auf die Welt da draußen ist unvermindert groß. Ich pflege sie aktiv, denn ich möchte nicht vergessen, was mich im tiefsten Inneren ins Meer hinauszieht. Gerade wenn man Erfolg hat und auf der Welle der Anerkennung oben schwimmt, besteht die Gefahr, sich darin zu verlieren. Wenig im Leben erinnert einen so daran, dass man kein Superheld, sondern einfach ein Teil des Ganzen ist, wie Erlebnisse in der Natur, deren extremere Seiten mich schon immer anzogen.

Seit meiner Kindheit am Fuß der Alpen liebe ich den Winter und vor allem den Schnee. Ich liebe, wie sich die Welt verändert, wenn die Bäume ohne Blätter sind, die Umgebung in ihren Farben reduziert. Liegt Schnee, ist es selbst bei schlechtestem Wetter niemals düster, denn er leuchtet mit seinem eigenen Schein, wie der weiße Sand auf dem Grund des Thomas Canyon. Noch heute empfinde ich aufgeregte Vorfreude, wenn ich in Berlin an einem Wintermorgen wach werde und das unvergleichliche Schneelicht durch mein Fenster scheinen sehe – dann springe ich auf, um nachzusehen, ob wirklich still und leise alles weiß geworden ist. Während die Berliner über die Verkehrsprobleme fluchen, bin ich in bester Stimmung, denn für mich ist Schnee ein Geschenk, das meine Seele mit Glück erfüllt.

Auch wenn es mich auf anspruchsvollen Reisen in die Welt hinauszieht, in der ich ebenso anspruchsvolle Erfahrungen suche, brauche ich in Wahrheit wenig, um mich zu freuen. An einem Wintersonntag mit Mütze und Schal eingepackt eine Runde durch das Gewusel auf dem Flohmarkt vor meiner Haustür zu drehen und danach einen warmen Tee zu bekommen lässt mich den Ärger über die Stunden auf der Autobahn der letzten Woche vergessen. Die Verausgabung in einer Stunde Crossfit mit den anderen in der Gruppe, die ebenso kämpfen wie ich, erzeugt eine Mischung aus guter Laune und lachendem Frust, die mich schon am nächsten Tag wieder durch die Metalltür in den schlichten Raum voller Klimmzugstangen und Hantelscheiben treibt.

Die Fähigkeit, uns begeistern zu lassen und einfache Momente zu genießen, haben meine Brüder und ich schon in unserer Kindheit gelernt. Sie ist die Grundlage für meine Zufriedenheit. Darüber hinaus brachten unsere Eltern uns bei, nichts für selbstverständlich zu halten, eine Einstellung, die einem hilft, sich glücklich zu schätzen. Ich möchte die Welt da draußen erleben und habe auf vielen verschiedenen Wegen die Möglichkeit dazu bekommen. Jedes Mal ist mir bewusst, was für ein besonderes Privileg es ist, aus reiner Neugierde ferne Orte zu sehen.

Auf eine besonders außergewöhnliche Reise ging ich im November 2016. Ich hatte sie gewählt, um fern vom Wettkampfsport meine Leidenschaft zu pflegen. Sie verband die Faszination des Winters mit einer der unvergleichlichsten Erfahrungen, die ich im Wasser je machen durfte. Jacques de Vos, der sich über die Jahre weiter auf das Unter-Wasser-Fotografieren spezialisiert hatte, gründete das kleine Unternehmen »Arctic Freediving«, um seine Leidenschaft für Orcas mit anderen zu teilen. Ich buchte eine der ersten Touren und packte eine Tasche mit warmen Sachen und dicken Neoprenanzügen. Über Oslo flog ich nach Tromsø, im äußersten Norden Norwegens, wo wir bei nur einer Stunde Tageslicht an Bord eines kleinen Katamarans gingen, unser Zuhause für die nächsten fünf Tage. Mit dabei war ein Franzose, der sich damit einen Traum verwirklichte, ein junger Ägypter Ende zwanzig, der in London studierte, und David Mellor, ein sportlicher Apnoetaucher aus England. In der vollkommenen Dunkelheit des nördlichen Jahresendes legten wir gegen Mittag ab und machten uns auf den Weg, um in den Fjorden nach den schwarz-weißen Meeressäugern zu suchen.

In den Wintermonaten spielt sich vor der Küste Norwegens seit längerer Zeit ein einzigartiges Naturschauspiel ab: Von November bis Februar ziehen riesige Heringsschwärme vorbei, die sich manchmal in großer Tiefe und manchmal in der Nähe der Oberfläche aufhalten. Nach ihnen suchen neben den Fischern auch Orcas und Buckelwale, die mit ausgeklügelter Taktik systematisch Jagd auf die Heringe machen und sich an ihnen satt essen. Wenn man weiß, wie man sich im Wasser verhalten muss, und in der Lage ist, eins mit der Umwelt zu werden, kann man diese Giganten aus nächster Nähe erleben.

An Bord unseres kleinen Katamarans war es warm, und wir wurden mit deftiger norwegischer Küche bestens versorgt. Draußen wurde die ewige Dunkelheit von Schnee erleuchtet, der sich über unser Schiff genauso verteilte wie über die Berge, die die Fjorde einrahmen. Mit einer Temperatur von -8 bis -15 Grad war es empfindlich kalt. Ich zog alles an, was ich hatte, und verbrachte so viel Zeit an Deck wie möglich. Dort bewunderte ich die Einsamkeit der rauen Landschaft, betrachtete die weißen Flocken, die auf das Meer fielen, und entdeckte mit Jacques die ersten Orcas, die uns bald begleiteten.

Am nächsten Morgen gingen wir im Dämmerlicht zum ersten Mal tauchen. In unsere Anzüge verpackt, versuchten wir, Orca- oder Buckelwal-Fontänen zu entdecken und uns ihnen behutsam zu nähern. Dabei beobachtet man zunächst ihr Verhalten aus einiger Entfernung, um sicherzugehen, dass sie sich nicht gestört fühlen, bevor man möglichst ohne Geplätscher sanft ins Wasser gleitet.

Der erste Kontakt mit dem nur 2 Grad warmem Meer war wie ein eisiges Erwachen. Die beißende Kälte in meinem Gesicht, die schwarze Tiefe unter mir, unsere Position mitten in einem Fjord, draußen in der Wildnis – dort im Wasser zu sein war für mich ein unfassbares Naturerlebnis. David und ich bildeten ein Team, wir bewegten uns sacht, mit vorsichtigen Flossenschlägen. Nie schwimmt man direkt auf Meeresbewohner zu oder hinter ihnen her. Ruhig wartet man ab und muss die Geduld haben, die Begegnung nicht zu erzwingen. Ein Vorgehen, das den meisten in der Aufregung schwerfällt. Die ersten Orcas, die sich uns näherten, vertrieb der Franzose, indem er hastig mit seiner auf einer Teleskopstange befestigten Kamera abtauchte. Die Gruppe drehte ab und verschwand in der Dunkelheit.

Ich hatte ebenfalls eine Kamera dabei, doch ich nahm sie in den fünf Tagen nur einmal mit ins Wasser. Zu schön war für mich die Welt, die ich dort erleben durfte, zu überwältigend die Eindrücke. Ich wollte sie nicht durch die Linse sehen, sondern sie in meiner Erinnerung speichern. Bei den nächsten Tauchgängen hielten David und ich Abstand von den anderen. Wir ließen uns still treiben, glücklich über die reine Erfahrung dieses wilden Ortes. Jedes Mal, wenn wir nicht suchten, sondern uns dem Fjord, dem Meer, der Kälte und dem Dämmerlicht überließen, kamen Orcas oder Buckelwale wie aus dem Nichts auf uns zu. Eine Begegnung ist mir besonders in Erinnerung geblieben. Wir hatten Fontänen in unserer Nähe gesehen, doch anstatt in ihre Richtung zu schwimmen, verharrten David und ich still an der Oberfläche. Nach einer Weile tauchte ich hinunter in zehn Meter, einfach so. Das Meer unter mir war endlos tief, in alle Richtungen dehnte sich die Dunkelheit aus. Nur nach oben hin sah ich das Licht des Polarwinters, ein dämmeriges Anthrazitgrau, das ich niemals vergessen werde. Ich lag auf dem Rücken, schwerelos, und ließ mich treiben.

Mit einem Mal spürte ich, dass ich nicht mehr alleine war, fühlte eine Vibration im Wasser, eine Präsenz. Von der Gruppe der Orcas hatte sich ein riesiges Männchen gelöst und war gekommen, um mich zu besuchen. Reglos verharrend beobachtete ich, wie es direkt auf mich zuschwamm. Diese eindrucksvollen Meeressäuger sind neugierig und hochintelligent, und ich wusste, dass der Orca mich genauso erkunden wollte wie ich ihn. Als er nur noch wenige Meter von mir entfernt war, spürte ich ein Vibrieren, das meine Brust durchdrang wie Bässe in einem Club – es war sein Echolot, mit dem er mich abtastete. Während am Rande des Sichtfeldes seine Gruppe auftauchte, umkreiste er mich zweimal, beschloss, dass ich keine Gefahr darstellte, und kehrte zu den anderen Orcas zurück, die an mir vorbeizogen, unter ihnen Mütter mit Kälbern. Wie soll man so ein Erlebnis erfassen? Es auszudrücken ist unmöglich. Nur in der Seele lässt es sich festhalten.

Während unserer Reise fror ich ständig im eisigen Wasser und spürte es nicht, ich habe keine Erinnerung daran, so überwältigend waren die Eindrücke der Umgebung, die ich dort erlebte. Doch es ging nicht allen so. Nach drei Tagen war der junge Ägypter deutlich gelangweilt, mehrfach blieb er an Bord, während wir voller Erwartung ins Wasser glitten. Man spürte: Er hatte die Orcas gesehen und damit den Haken auf der Liste gesetzt. Die Erfahrung war bestellt, bezahlt und geliefert worden, und ihm hätte wohl ein einziger Tauchgang gereicht. Ich beobachtete ihn und staunte darüber, wie man als junger Mensch mit dem Privileg, solche Erfahrungen zu machen, so begeisterungsunfähig sein konnte. Was für ein leeres Leben vor ihm liegen würde.

In den fünf Tagen war ich kaum aus dem Meer zu bekommen, und wenn ich nicht im Wasser war, dann an Deck, wo ich mich stundenlang mit dem Skipper Bjarne unterhielt, der als

Fischer bereits sein Leben lang in dieser Wildnis unterwegs war. Ich brachte ihm Tee, und er erzählte mir von den Stürmen des Winters und wie sie manchmal Orcas im Netz hatten, die versuchten, die Fische zu klauen. »Wir wollen dem Orca nicht wehtun«, erklärte er und beschrieb, wie sie die großen Tiere mühselig befreiten und dabei ihren ganzen Fang aufgaben. In dieser Woche verliebte ich mich in den Polarwinter. Nie hätte ich gedacht, dass die Abwesenheit von Licht so umwerfend schön sein könnte – doch sie war es, unter wie über Wasser.

Ich versuche, mich regelmäßig bewusst darauf zu besinnen, warum ich tauche. Im Fieber von Wettkampf, Leistungssteigerung und Erfolg ist es leicht, die ursprüngliche Faszination zu vergessen, die die Grundlage der Leidenschaft ist, die man lebt. Wenn alles einem Ziel untergeordnet ist und man nicht mehr weiß, warum man die Aktivität an sich ausübt, wird der Erfolg sich leer anfühlen, denn er vergeht in einer Sekunde, und er ist nie genug. Umso härter ist der Misserfolg, der unweigerlich kommt. Er ist erdrückend, denn in dieser Situation waren die Opfer, die Qual und die Mühe des Trainings umsonst. Sie waren wertlos. Und je nachdem, wie intensiv man sich der Sache verschrieben hat und wie sehr man seine Persönlichkeit darüber definiert, ist nicht nur der Weg wertlos geworden, sondern man selbst. Auf diese Weise verliert man nicht nur die Essenz der Leidenschaft, sondern auch sich als Person.

Wenn man aber weiß, warum man eine Tätigkeit ausübt, und sich die Liebe dazu im tiefsten Inneren bewahren kann, wirft einen ein Rückschlag nicht um. Man hält Widrigkeiten aus und ist in der Lage, auch den Moment des Sieges einzuordnen und ihm den richtigen Stellenwert zu geben, denn der gezielte Umgang mit Motivation und Leidenschaft erzeugt Stärke.

Mir ist wichtig, mich in den kleineren Dingen des Lebens glücklich zu schätzen. Ein täglicher Augenblick der Freude ist für mich, einen Kaffee zu bekommen und ein paar Minuten oder eine Stunde zu haben, um ihn zu genießen, auch in einem Hardwarestore, am Ende des Ganges mit den Klodeckeln. Dieser Moment, in dem ich die Tasse in der Hand halte, in dem die Gedanken, die mich umkreisen, innehalten und still sind, ist ein Privileg.

Als ich diesen Sommer beim Vertical Blue Event auf den Bahamas mit Sinusitis drei Wochen ohne Training auf dem Trockenen saß und mein einziger Wettkampf des Jahres gelaufen schien, wuchs von Tag zu Tag der Frust. Es war schwer, mich nicht in die Tiefe zu sehnen, wegen der ich angereist war, und ebenso schwer, mich nicht über die verlorene Chance auf Leistung zu ärgern. Diese Gefühle sind normal. Doch ich hatte in der Hand, inwieweit ich mein Denken, meine Stimmung und mein Handeln von ihnen beeinflussen ließ. Ich war trotz allem glücklich, dort zu sein, glücklich, mit meinen Freunden frühmorgens ins Wasser zu gehen, um sie von der Oberfläche aus zu unterstützen, glücklich, in unserem kleinen Mietauto den Weg zum Blue Hole entlangzurumpeln und mit Daan, dem Fotografen, laut zu Rufus Wainwright zu singen. Wenn man dabei ist, sich in so einer Situation zu bemitleiden, hilft es, sich daran zu erinnern, dass es ein Privileg ist, einen so interessanten Sport auszuüben, und dass niemand einen dazu zwingt, hier zu sein.

Wer aktiv pflegt, was er im Kern am Leben schätzt, seine Wahl möglichst bewusst trifft und dann ebenso bewusst zu ihr steht, den wirft der Frust nicht aus der Bahn. Ich erlebte die Enttäuschung über das verlorene Training und gleichzeitig das Glück, an der Oberfläche treibend die Tiefe des Blue Hole unter mir zu sehen. Ich weiß, warum ich tauche, und dass sportlicher Erfolg für mich nur ein kleiner Teil meiner Leidenschaft ist. So war ich trotz der Misere frei genug, um mich auf das zu konzentrieren, was mir geblieben war: die Erlebnisse mit Freunden zu teilen und mich dem Meer zu überlassen.

Mit dieser Fähigkeit, zufrieden zu sein, erhielt ich mir meine innere Ruhe und durch sie die Stärke, mich im Wettkampf realistisch einzuschätzen und trotz allem zwei dritte Plätze zu erringen. Es ist manchmal schwer, sich mit seinen Gedanken von einer schwierigen Situation zu lösen, in der man steckt. Aber genau dann ist es umso wichtiger, sich ehrlich mit der eigenen Reaktion auseinanderzusetzen. Ich erlaubte mir, der verpassten Chance nachzutrauern, und fragte mich gleichzeitig, worauf ich mich konzentrieren könnte. Nicht alles war verloren.

Eines der wichtigsten Werkzeuge für langfristige Zufriedenheit, das mir in schwierigen Situationen vielleicht mehr hilft als alles andere, ist schlichte, einfache Dankbarkeit. Mein Leben hat mich an die unterschiedlichsten Orte geführt, darunter viele, an denen die Menschen deutlich einfacher leben, als wir es in Deutschland gewöhnt sind, aber ebenso in Industrienationen innerhalb der westlichen Welt. Dabei habe ich immer wieder die Erfahrung gemacht, dass es ein Trugschluss ist zu denken, andere hätten es besser. Wenn ich von meinen Reisen zurückkehre, bin ich dankbar für die Ärzte, die wir hier besuchen dürfen, und die Müllabfuhr, die regelmäßig kommt. Dankbar, dass ich keine acht Schlösser an meiner Tür haben und nicht hinter einer Mauer mit Stacheldraht leben muss. Dankbar zu sein ist eine Haltung, die stärkt – sie hilft, Hürden, Frust und Ärger zu überwinden, wenn es mal nicht so läuft.

Ein besonders intensives Erlebnis hatte ich in dieser Beziehung in einer der ärmsten Ecken der Erde, in der ich auf meinen Reisen gelandet bin. Der Neuseeländer Jonathan Sunnex, ein erfolgreicher Apnoesportler mit langen blonden Zottelhaaren und vielen Tattoos, der sich einen Namen als Coach gemacht hatte, stieß auf der Suche nach guten Tauchplätzen vor einiger Zeit auf die wenig erschlossene Karibikinsel Dominica. Bedeckt von Bergen, über deren Hänge sich dichter, grüner Urwald ergießt, ist sie ursprünglich und wild. Johnny war Berichten über das an der südlichsten Spitze gelegene Dorf Scott's

Head gefolgt und fand dort eine sichelförmig vom Land eingeschlossene Bucht, in der das warme Meer vor Wellen geschützt ruhig dalag. Unter Wasser fiel es schon wenige Meter vom Ufer entfernt steil in die Tiefe und bot ihm den idealen Ort, um sich niederzulassen und die internationale Gemeinschaft der Freitaucher anzuziehen.

Im Herbst 2017 plante er, dort einen kleinen, aber anspruchsvollen Wettkampf für wenige Athleten abzuhalten. Diese Art von Event ist etwas Besonderes. Neben dem ernsthaften Sport unter der gekonnten Organisation und Sicherheit eines Profis wie Johnny spürt man in der begrenzten Gruppe mehr als sonst den familiären Zusammenhalt und die geteilte Freude an der Umgebung. Es ist ein Umfeld, in dem die Liebe zum Tauchen im Vordergrund steht. Auf diese Weise gelangen wir Freitaucher an abgelegene Flecken, die nicht immer einfach zu bereisen sind. Wir setzen uns ihren Eigenheiten aus, denn uns interessiert weniger das perfekte Hotel oder das ideale Urlaubswetter als die Welt unter Wasser.

An einem Sonntagabend kam ich in sintflutartigem Regen, der mit schweren, übergroßen Tropfen auf den Blechdächern und den Rissen in der Straße explodierte, im Hafen der Hauptstadt Roseau an. Ich war die Erste von uns Freitauchern und daher ganz allein – auch Johnny selbst sollte erst ein paar Tage später von einer Reise zurückkehren. Alle anderen würden nach und nach dazustoßen. Zwischen den Lagerhallen, Mülltonnen und streunenden Katzen wartete der Vertreter der kleinen örtlichen Autovermietung auf mich, ein riesiger Mann, der entgegen der üblichen Gelassenheit der Karibikbewohner nervös wirkte.

»Der Sturm kommt«, sagte er, »park das Auto nicht unter einem Baum.«

Hastig erledigte er die Formalitäten und schickte mich mit einer vagen Wegbeschreibung in Richtung Scott's Head. Im schwachen Licht der Scheinwerfer meines würfelförmigen chinesischen Mietwagens konnte ich die holperige Straße kaum sehen, die von Roseau steil über einsame Urwaldberge führt. Wassermassen rannen in den Kurven über den Beton, der im Regen rutschig wird. Mir begegnete kein anderes Auto.

»Wenn ich hier im Straßengraben lande«, dachte ich, während ich versuchte, die riesigen Schlaglöcher zu vermeiden, die sich stetig mit Schlamm füllten, »habe ich ein richtiges Problem.«

Unter abenteuerlichen Bedingungen erreichte ich mein winziges Apartment, in dem ich, ganz allein in einem kleinen Dorf am südlichsten Ende der Insel, den Hurrikan Maria erlebte, einen der schwersten Stürme aller Zeiten. Nach einer Nacht, die ich zwischen Dusche und Toilette eingepfercht im Bad verbracht hatte, während der Wind versuchte, die Fenster einzudrücken und das Haus über mir wegzureißen, wagte ich mich zusammen mit den Einwohnern des Dorfes im Morgengrauen hinaus in das immer noch wütende Unwetter. Der Anblick, dem wir uns stellen mussten, kam Armageddon gleich. Die Kronen der wenigen Bäume, die noch aufrecht standen, waren abgerissen, die Blätter von den Ästen gefegt und die Rinde wie mit einem Sandstrahler von den Stämmen geschält. Bis auf ein paar braune Strünke, die in den bleigrauen Himmel ragten, hatte der Hurrikan die dichte Vegetation der Tropeninsel ausgelöscht und die grünen Hänge öde und nackt zurückgelassen.

Von großen unwegsamen Bergen umschlossen, waren wir im Dorf eingesperrt, denn die Straße nach Roseau, über die ich am Abend zuvor im Regen geholpert war, hatten Schlammlawinen begraben. Überall lagen die Trümmer der zerstörten Häuser, dazwischen tote Kühe und Hühner. In Scott's Head forderte der Sturm das Leben einer alten Frau, eine Welle hatte sie fortgerissen, aus der Hand ihres Mannes, der zu spät versuchte, sie beide vor der Gewalt der Natur in Sicherheit zu bringen. Die Menschen, die die Nacht unter Matratzen versteckt überstanden hatten, wanderten verwirrt umher, froh, am Leben zu sein. Es gab keinen Strom, kein Wasser, kein Essen, keine medizinische Versorgung, keinen Kontakt zur Außenwelt, keinen Weg heraus, fünf Tage lang, bis es mir gelang, vorbei an plündernden Mobs in der Hauptstadt eine Fähre zu erreichen und zurück nach Hause zu finden.

In Deutschland würden jetzt die Bagger kommen und die Überreste der Zerstörung wegräumen, die Regierung Hilfspakete schnüren und die Flutopfer in Notunterkünften vorübergehend eine Heimat suchen. In Dominica versuchten die Menschen die wenigen Dinge, die ihnen geblieben waren, auf den Stromkabeln der umgestürzten Masten zu trocknen. Bei Regen setzten sie sich unter Tische, denn ein Dach hatten sie nicht mehr, und niemand würde ihnen ein neues errichten. Heute, ein Jahr nach der Katastrophe, die 95 Prozent der Insel zerstörte, ist die Straße noch immer nur teilweise repariert, und die Avocado-, Mango- und Papaya-Bäume und die Kokospalmen, die die Bevölkerung ernährten, sind für lange Zeit dahin.

Ich überstand dieses Erlebnis, ohne mich ernsthaft zu fürchten, obwohl mir bewusst war, in welcher Gefahr ich mich befand. Ich hob mir die Angst für später auf und konzentrierte mich immer nur auf den nächsten Schritt. Wasser sparen. Essen sparen. Die Wellblechstücke wegräumen, die bei den weiter drohenden Stürmen herumfliegen und zu tödlichen Geschossen werden würden. Verderbliche Lebensmittel wie Avocados und Kokosnüsse aus dem Wald sammeln und sie den alten Menschen bringen, die in der Kirche Schutz gefunden hatten.

Am fünften Tag fragte mich eine Finnin, die sich mir angeschlossen hatte und vor Angst und Verzweiflung ständig weinte, wie ich so unberührt sein könne. Ich dachte darüber nach. Als Trimix- und Apnoetaucherin konnte ich mir 100 Meter unter der Oberfläche Panik ebenso wenig leisten wie in einem Hurrikan auf einer Karibikinsel. Die Erfahrung, die ich in der Ausübung meiner Leidenschaft gesammelt hatte, machte mich in meinem Handeln sicher. Dazu kam meine Fitness, die mir in dieser Lage großes Selbstvertrauen gab, denn ich wusste, ich bin der Belastung gewachsen. Als wir mit anderen zusammen überlegten, ob wir versuchen sollten, uns zum Flughafen im Norden der Insel durchzuschlagen – ein Marsch durch den Urwald über die zerstörte Straße, der etwa fünf Tage gedauert hätte –, überlegte ich nicht, ob ich den Weg bewältigen könnte, sondern nur, ob es sinnvoll war, ihn anzutreten.

Im Crossfit-Training gibt es den sogenannten »Farmer's Walk« – den »Gang des Bauern« –, bei dem man Gegenstände über bestimmte Strecken trägt. Das kann ein Medizinball sein, ein Sandsack oder Kurzhanteln. Der Farmer's Walk ist ein Elend, das nie zu enden scheint und grundsätzlich viel schwerer ist, als man anfangs denkt. Er soll auf das Leben vorbereiten, statt einfach nur Fitnessstudio-Muskeln zu erzeugen. Als nach dem Hurrikan das Wasser knapp wurde, schlugen wir uns zu einer zerstörten Eco Lodge in den Bergen durch, die eine große Zisterne hatte. Dort füllten wir Fünf-Liter-Plastikflaschen und brachten sie durch das unwegsame, von Schlammlawinen begrabene Gelände zurück ins Dorf. Zehn Liter trug ich in meinem Rucksack auf dem Rücken, zehn Liter in jeder Hand, 1,5 Kilometer weit, über große, umgestürzte Bäume und steile Hänge, an denen man kaum Fuß fassen und die Flaschen, die mit ihren dünnen Plastikgriffen in die Handflächen schnitten, unmöglich absetzen konnte, denn sie wären ins Tal gerollt. Es schien mir, als würden mir die Arme aus den Schultern gezogen, ich spürte die Finger nicht mehr, doch auf keinen Fall würde ich das kostbare Wasser verlieren.

»Das ist es«, dachte ich mit jedem Schritt, »das ist der wirkliche Farmer's Walk«, und wusste, ich bin stark genug. Wusste, dass ich es aushalten kann. Dass ich noch viele Reserven habe, auch ohne Essen und ohne Schlaf. Mein körperlicher Zustand gab mir Sicherheit in einer Welt, die auf dem Kopf stand, und die geistige Fähigkeit, Grenzen zu überwinden, gab mir die Ruhe, die ich brauchte, um mit der chaotischen Situation umzugehen. Über die Suche nach Herausforderungen im Meer hatte ich unerwartet Stärken entwickelt, die mir halfen, das extreme Erlebnis des Hurrikans Maria ohne Angst zu überstehen.

Ich hatte in Dominica eine intensive Naturerfahrung gesucht. Ich wollte die Schönheit der Insel sehen, die Tiefe auf mich wirken lassen und die Verbundenheit mit anderen Freitauchern spüren. Stattdessen erlebte ich massive Naturgewalt. Ich erlebte die Zerstörung eines Landes. Ich sah das sonst durchsichtige blaue Meer bleigrau und ärgerlich und erlebte die Wut der Wellen, die bis in den ersten Stock durch die Fenster schlugen und große runde Steine in die Zimmer warfen. Doch in alldem erlebte ich auch, wie die Menschen, umgeben von den Trümmern ihres Daseins, jeden, der an ihnen vorüberging, anlächelten, denn gemeinsam hatten wir ihn überstanden, den Sturm, und selbst wenn niemand wusste, wie es weitergehen würde, so hatten wir doch eins: das Leben. »We have life«, sagten sie und zuckten mit den Achseln, nachdem sie mir erzählt hatten, wie sie im Kleiderschrank Schutz suchen mussten, während der Sturm über ihnen das Haus wegriss. »Wir haben Leben.«

»Wir haben Leben«, sagen die Leute auf Dominica voller Dankbarkeit, nicht »wir sind am Leben«, und betrachten es als eine Gabe. Anstelle von Momenten der Schönheit im Freitauchen zu erleben, für die ich gekommen war, lernte ich in der Katastrophe dieser Nacht das Wesen der Einwohner kennen, die die Gewalt der Natur ertrugen und die frei die Freude über das Wichtigste, was ihnen geblieben war, mit mir teilten: das Geschenk des Lebens.

Wenn ich daran denke, ist es unmöglich, über ein verpasstes Training und einen vermasselten Wettkampf unglücklich zu sein. Ich habe nicht nur das Leben, sondern auch das Privileg, es auf meine Weise mit Energie, Neugierde und Leidenschaft zu führen. Wenn man sich ab und zu umsieht und auf sein Glück besinnt, kann einen ein Misserfolg im Sport oder Beruf kaum dauerhaft aus der Bahn werfen.

Das Leben hat mir vieles geschenkt. Darunter ist die Faszination der Tiefe, eine Faszination, die zu erhalten mir ein Bedürfnis ist, das mich in die Welt hinausführt und mir Erlebnisse ermöglicht, für die ich im tiefsten Herzen dankbar bin.

Bevor es weitergeht, heißt es für mich erst einmal: Kaffee kochen. Haben Sie Lieblingsmomente? Wenn nicht, haben Sie vielleicht einfach nur noch nie darüber nachgedacht. Für mich ist es wichtig, immer wieder neue zu entdecken, und ebenso wichtig, sie zu pflegen. Die kleinen, alltäglichen ebenso wie die großen, ungewöhnlichen. Abgesehen von Kaffee in allen Variationen sind meine Favoriten unter anderem: mit einem Buch in der Hand einzuschlafen, den Hund meiner Freunde zu begrüßen und Gummibären zu essen. Und natürlich: abzutauchen.

KAPITEL 9:
CHANCEN
Über die Grenzen hinaus

»… drei, zwei, eins und los«, sagte ich zu den 18 Männern, die am Beckenrand aufgereiht im Wasser lagen. Sie holten ein letztes Mal Luft, schlossen die Augen und tauchten ihre Gesichter unter. Jeder von ihnen war körperlich fit und bereit, sich seinen Grenzen zu stellen, denn: Sie suchten eine der größten Herausforderungen in der Bundeswehr. Sie wollten Kampfschwimmer werden. Nur wenige von ihnen würden es schaffen.

Ich beobachtete sie und sah aus dem Augenwinkel, wer den letzten Atemzug hinauszögerte, wer sich sanft ins Wasser gleiten ließ und wer in der Eile mit dem Kopf an die Wand stieß. Es war der dritte Versuch in einer Reihe von kurzen Zeiten des Nicht-Atmens. Ich spürte die Blicke der Zuschauer hinter mir. An der Wand entlang hatten sich die Ausbilder, der Sportlehrer, die Taucherärztin und die Sanitäter versammelt, um mich bei der Arbeit mit einem Lehrgang zu beobachten, zum ersten Mal. Ihre Neugierde war ebenso deutlich spürbar wie ihre Skepsis. Ich blendete sie aus. Ich wusste, ich werde getestet, doch es war mir gleich. Was zählte, war, den Männern im Wasser Selbstbewusstsein zu geben. Vertrauen in ihre Fähigkeit, ohne Luft auszukommen. Vertrauen in den Überlebensmechanismus ihres Körpers. Ihnen die Stärke zu vermitteln, ihre instinktiven Reaktionen zu beherrschen. Den Sieg des Geistes zu erleben. Um das zu erreichen, mussten sie meine Sicherheit spüren. Für Nervosität hatte ich keinen Platz.

Nach knapp 1:45 Sekunden hob der Erste seinen Kopf. Nach und nach tauchten die anderen auf, bis ich bei zwei Minuten die Letzten nach oben holte. Sie hatten von mir die Anweisung bekommen: Halten Sie die Luft an, bis das Bedürfnis zu atmen einsetzt. Dann hören Sie auf. Als ich die Aufgabe verkündete, sah ich die Überraschung in ihren Gesichtern und fühlte den Unglauben der Beobachter.

»Das wird nicht lange dauern«, dachten sie, und: »Das war's?«

Ich wusste, dass man etwas anderes von mir erwartete. Außergewöhnliche Atemtechniken. Nie vorher da gewesene Übungen. Im schlimmsten Fall den Sonnengruß. Niemand hatte damit gerechnet, dass ich so wenig verlangen würde. Als wenig später auch die Schlechtesten unter den Teilnehmern stressfrei nahe an zwei Minuten kamen, machte sich spürbar Verwunderung breit. Aus der Sicht meiner kritischen Zuschauer hatte ich im Grunde nichts gemacht – und in ebendiesem »Nichtsmachen« liegt das Geheimnis von gutem Apnoecoaching. Die Magie der Übertragung von mentaler Stärke hatte vor den Augen aller stattgefunden, doch sie ist so subtil und schwer zu greifen, dass keiner von ihnen sich erklären konnte, was gerade passiert war. Die Fragen hingen im Raum, als ich mit einem inneren Lächeln davonging und den Lehrgang den Ausbildern überließ.

Ich war erleichtert, denn ich hatte mir fest vorgenommen, mich zu weigern, auf diese Weise zu arbeiten. Ich wusste, dass durch die Beobachtung der Vorgesetzten großer Druck auf die Lehrgangsteilnehmer entstehen würde, und wollte mir erst ein Bild vor Ort machen, bevor ich Unterricht gab. Doch in der abgeschirmten Welt der Hallenausbildung sah ich die Herausforderung in den Augen der Männer, die in Zukunft Vertrauen in mein Können setzen mussten, und konnte trotz der ungünstigen Umstände die geforderte »Kostprobe« nicht ablehnen. Letztendlich rettete mich auch hier die in Wettkämpfen gewonnene Fähigkeit, ohne Zögern zu handeln und mich, ungeachtet der äußeren Umstände, auf die Aufgabe zu konzentrieren. Die leiseste Unsicherheit hätte in diesem Umfeld Scheitern bedeutet. Stattdessen besiegelte die halbe Stunde spontaner Unterricht die ungewöhnliche Verbindung einer Apnoetaucherin ohne militärischen Hintergrund mit den Kampfschwimmern, der härtesten Spezialeinheit der Bundeswehr.

»Ich bin schon irgendwie beeindruckt«, sagte Frank, der Leiter der Gruppe Ausbildung, der mich zu der Demonstration meines Könnens genötigt hatte.

»Dann ist ja gut«, grinste ich ihn an und wusste: Ab jetzt sind wir auf Augenhöhe.

Als die Marine im Frühjahr 2015 auf mich zukam, um mit mir über eine mögliche Zusammenarbeit in Bezug auf die Verbesserung der Apnoeanteile in der Ausbildung der Kampfschwimmer und Minentaucher zu sprechen, war nicht sicher, ob dieses Projekt umsetzbar wäre. Ich war ebenso skeptisch wie die meisten Vertreter der Bundeswehr. Auch wenn ich mich auf meine Erfahrung als Tauchlehrerin und Apnoeprofi verlassen konnte – was wusste ich schon von der Ausbildung militärischer Taucher, geschweige denn einer Spezialeinheit?

Schon vor dem ersten Gespräch in Kiel beschloss ich, auf keinen Fall zu unterrichten, ohne die gesamten fünf Wochen der Schwimmhallen-Ausbildung eines Kampfschwimmerlehrgangs als Beobachterin gesehen zu haben. Kampfschwimmer und Minentaucher haben kein Interesse daran, Apnoetaucher zu werden – sie nutzen Apnoetests vor allem zum Training von Stressresistenz und mentaler Stärke unter Wasser. Um einzuschätzen, ob ich in der Lage war, etwas Sinnvolles beizutragen, brauchte ich zunächst ein genaues Bild vom Zweck der einzelnen Übungen. Einfach so ins Blaue hinein wollte ich nicht arbeiten, denn wenn ich ausbilde, habe ich ebenso hohe Ansprüche an die Qualität meines Unterrichts wie an die Art und Weise, in der ich den Sport ausüben will. Eine Haltung, von der ich nicht abweichen möchte, und eine, die ich mit den

Männern und Frauen teile, mit denen ich bis heute dort zusammenarbeite.

Als ich den Wunsch äußerte, einen Lehrgang zu beobachten, waren die Verantwortlichen überrascht, doch sie ließen sich überzeugen. Wir erkannten ineinander Menschen, denen es um das Ergebnis geht und nicht um Ego, Kompetenzen und Geld. Zwei Monate später betrat ich zum ersten Mal in meinem Leben eine Kaserne. Die »Marineoperationsschule« in Bremerhaven – kurz MOS genannt – liegt auf einem weitläufigen Gelände mit großen, alten Backsteingebäuden, zwischen denen der norddeutsche Wind hindurchfegt. Er trägt Feuchtigkeit herüber und riecht nach Meer, eine Stimmung, die mir sofort gefiel.

Ich war aufgeregt, denn die Umgebung war ebenso Neuland für mich wie die anstehende Arbeit, für die es kein Handbuch gab – gemeinsam mit den Kampfschwimmern würde ich jeden einzelnen Schritt entwickeln müssen. Dabei war ich mir meiner ersten Hürde deutlich bewusst: das Vertrauen der Ausbilder vor Ort zu gewinnen, die sich von einer apnoetauchenden Zivilistin sicher nicht gerne sagen ließen, wie sie ihre Arbeit zu tun hätten. Mit diesen Gedanken im Hinterkopf begrüßte ich Frank, der mich am Eingang in Empfang nahm. Er war schon bei dem ersten Treffen in Kiel dabei gewesen und hatte unsere Zusammenarbeit von Anfang an befürwortet.

Durch das Labyrinth der Kaserne brachte er mich zu meiner ersten »Stube« – ein heller Raum mit großem Fenster und der zweckmäßigen Einrichtung der Bundeswehr, der mir sofort gefiel. Manchmal werde ich bemitleidet, weil ich seit ein paar Jahren viel in Kasernen schlafe, doch ich fühle mich in den Unterkünften immer wohl. Die Umstände, unter denen ich wohne, wenn ich zum Tauchen an entlegenen Orten bin, lassen die Stuben der Bundeswehr oft luxuriös erscheinen.

Frank bestand darauf, dass die Ausbilder und ich uns bei einem Abendessen kennenlernen sollten, um den Ablauf unserer Zusammenarbeit zu klären. Eine Idee, die zu Beginn eines anstrengenden Lehrgangs nicht gerade auf Begeisterung stieß – niemand hatte Nerven für Kennenlernspiele mit einer Zivilistin. Obwohl mir alle professionell begegneten, konnte ich schon damals erahnen, dass hinter den Kulissen das Theater riesengroß war.

Bei dieser ersten Begegnung half, dass auch ich mir Gedanken gemacht und für mich eine wichtige Entscheidung getroffen hatte: Falls sich die Art und Weise, in der ausgebildet wurde, nicht mit meinem Ansatz vereinbaren ließ, würde ich aussteigen. Gleichzeitig akzeptierte ich, dass die Männer durchaus Grund hatten, mich erst mal abzulehnen – für sie war nicht ersichtlich, was ich zu ihrer Arbeit beizutragen hätte. Ich verließ mich darauf, dass mein Wissen und mein Können ausreichen würden, sie zu überzeugen.

Mit dieser Haltung ging ich zum Abendessen in der Offiziersmesse in Bremerhaven. Ich bestellte mir Bier und Currywurst und konnte die erste Überraschung förmlich spüren.

»Ich dachte, ihr Apnoetaucher seid alle so – so – Veganer!«, sagte einer der Ausbilder und sprach damit wohl die Gedanken aller ungefiltert aus.

»Klar«, antwortete ich, »manche von uns schon.« Ohne weiteren Kommentar bestellte ich ein zweites Bier und wusste, das Eis war erst mal gebrochen.

Die nächsten Tage hielt ich mich im Hintergrund, beobachtete die Männer bei ihrer Arbeit und sah schnell, wo sie Unterstützung gebrauchen konnten. Mich beeindruckte die Ruhe, von der der Unterricht geprägt war. Geschrei hatten diese Ausbilder nicht nötig – ein Detail, das mir von Anfang an gefiel. Schon am ersten Tag war ich mir sicher, dass ich in so einem Team arbeiten könnte. Die Frage war nur, ob auch die Kampfschwimmer bereit waren, mich zu akzeptieren.

Oft werde ich gefragt, wie es war, in dieser Männerwelt anzukommen. Die Antwort überrascht die meisten, denn man denkt, ich hätte dort sicher mit Machogehabe und Vorurteilen kämpfen müssen. Doch das trifft nicht zu. Selbstverständlich wurde ich getestet – aus meiner Sicht vollkommen legitim. Die Ausbilder behandelten mich höflich, aber durchaus reserviert und ließen mich spüren, dass sie von der ganzen Sache erst mal nicht viel hielten. Eine berechtigte Zurückhaltung, denn selbst ernannte Experten gibt es viele, und allein die Tatsache, dass ich im Apnoesport erfolgreich war, bedeutete nicht, dass ich etwas zu ihrem Lehrgang beizutragen hatte.

»Was weiß die schon vom militärischen Tauchen?«, fragten sie sich. Kampfschwimmer sind Alphatiere. Sie sind eigensinnig und selbstbewusst und wissen, dass sie bereits auf hohem Level arbeiten. Gleichzeitig sind sie bereit, immer weiter nach Verbesserung zu suchen und sich nicht auf ihrem Können auszuruhen. Sie beurteilen Neuankömmlinge nicht danach, ob Mann oder Frau, jung oder alt, sondern danach, ob der- oder diejenige etwas beizutragen hat und ob er sich in das Team einfügt. Wer ahnungslos, arrogant oder bequem ist, kann einpacken.

Nachdem mich Frank zu jener ersten Unterrichtseinheit genötigt hatte, bei der mich alle beobachteten, spürte ich den wachsenden Respekt aller Beteiligten. Meine inoffizielle Testphase war beendet.

Die Entwicklung dieses Projekts war anspruchsvoll und neu und forderte mich neben meiner Erfahrung als Apnoeprofi mit meinem Wissen aus allen Bereichen des Tauchens. Ich wusste, was ein Sauerstoffkreislaufgerät ist und wie es funktioniert, und hatte nach Aarons Ausbildung zur Trimix-Taucherin Ahnung davon, wozu man Stresstests braucht und was man jemandem unter Wasser zumuten kann. Als Tauchlehrer-Ausbilderin verstand ich die Herausforderung, einzelne Übungen in einem knappen Zeitrahmen unterzubringen, und brachte die notwendige Autorität mit, um von einem Lehrgang akzeptiert zu werden. Ohne diese Voraussetzungen wäre es mir niemals möglich gewesen, die Arbeit auf dem Niveau zu leisten, auf dem sie meinem eigenen Anspruch ebenso genügte wie dem der Kampfschwimmer.

Über die nächsten Wochen fragten mich die Ausbilder nach Details und meiner Meinung zu verschiedenen Abläufen. Wenn ich etwas anmerkte, was ihnen einleuchtete, setzten sie die Veränderung sofort um. Es brauchte keine Diskussionen, keine Überredung, keine langen Erklärungen. Sie nahmen auf, was für sie funktionierte, und integrierten es stufenlos in die Praxis. Auch wenn die wild abstehenden Locken, die ich bei Luftfeuchtigkeit bekomme, einen anderen Eindruck erwecken – nachdem mich die Männer beim Unterrichten des Lehrgangs beobachtet und wir gemeinsam den Kraftraum besucht hatten, wurde ihnen klar, dass ich mit dem esoterischen Hippie aus ihrer Vorstellung wenig gemeinsam hatte. Gleichzeitig verstand ich, dass sie keine Klischee-Ausbilder waren, denen es vor allem darum ging, mit gedankenloser Härte Lehrgangsteilnehmer kleinzukriegen. Aus diesem Kennenlernen wuchs gegenseitige Akzeptanz in hohem Maße.

Die wirkliche Qualität der Ergebnisse, die wir heute in der Ausbildung erreicht haben, entstand erst durch die Arbeit, in die wir alle Wissen, Ideen und Urteilskraft einbrachten. Ich kann nicht behaupten, mit meiner Expertise die Kampfschwimmer zu trainieren, wie es in den Medien gerne berichtet wird. Ich unterstütze sie. Ein Teil davon ist Training, ein Teil meine Erfahrung, ein Teil sind Vorschläge zur Veränderung. Alles zusammen ist ein Projekt, bei dem die Kampfschwimmer selbst das letzte Wort haben – sie entscheiden, was sie mitnehmen. Da ich bereit bin, mich und mein Wissen an die Realität der anderen und das, was sie wirklich brauchen, anzupassen, bin ich in der Lage, ihnen weiterzuhelfen. Dabei lerne ich ständig dazu und erweitere meinen Erfahrungshorizont ebenso wie sie ihren.

Auch weil ich für mich eine klare Linie hatte und wusste,

was ich erreichen wollte, entstand eine umfangreiche Zusammenarbeit, in der wir internationales Neuland betreten. Nach und nach weitete sich diese Arbeit auf alle Einheiten der Marine aus, die Apnoeübungen nutzen – dazu gehören Kampfschwimmer, Minentaucher und Schwimmtaucher, aber auch die Ausbilder der U-Boot-Rettung, die den Notausstieg aus einem U-Boot unterrichten, sowie die Gruppe »Überleben auf See«, in der es darum geht, möglichst sicher aus einem Helikopter oder Flugzeug zu kommen, das ins Wasser gestürzt ist und sinkt.

Überall beginne ich mit der Beobachtung des Unterrichts – wenn es geht, nehme ich selbst am Lehrgang teil. So habe ich den Notausstieg aus einem U-Boot ebenso geübt wie den aus einem untergehenden Helikopter. Jedes Mal bilde ich mich weiter, und jedes Mal muss ich neu überlegen, was die Ausbilder jeweils von mir brauchen. Ich habe mich daran gewöhnt, mich immer wieder in einer mir vollkommen fremden Umgebung zurechtzufinden, und bemühe mich, den Respekt von allen Beteiligten zu gewinnen und ihnen wiederum mit Respekt zu begegnen.

Ich bin fest davon überzeugt, dass wir im Leben mehr Chancen bekommen, als wir denken. Das Problem ist, dass wir sie oft nicht als solche wahrnehmen. Wir erkennen das Potenzial in dem neuen Weg nicht. Wir zögern, sehen erst einmal nur Arbeit und Mühe, aber nicht den Nutzen. Die Möglichkeiten zu erfassen, die sich uns bieten, und sich ihnen voll und ganz zu widmen ist schwer. Mir war von Anfang an bewusst, dass die Ausbildung der Kampfschwimmer interessantes Neuland für mich sein könnte. Doch zu der Chance von Wachstum, die letztendlich daraus entstand, wurde sie erst durch meine Entscheidungen. Ich zögerte nicht, den Wettkampfsommer aufzugeben, wusste, auf welche Weise ich diese Arbeit angehen würde, und blieb meinem Qualitätsanspruch treu. Ich war bereit, mich auf diese ungewohnte Welt und ihre Menschen einzustellen.

Um das ganze Potenzial dieser Chance auszuschöpfen, musste ich mein sportliches Vorwärtskommen fast vollkommen aufgeben, denn mir blieb kaum Raum für mein eigenes Training. Doch es geht nicht immer nur um Erfolg und Rekorde. Ich stand vor einer unerwarteten Herausforderung, die ich niemals aktiv gesucht hätte. Die Möglichkeiten in ihr zu sehen war an mir selbst. Wenn man nicht gewillt ist, für eine Chance neue Wege einzuschlagen und dabei das Risiko einer Sackgasse zu ertragen, bleibt man immer in der gleichen Spur.

Diese Arbeit ist nicht einfach für mich. Ich bin weit weg von zu Hause und habe dort immer erst mal keine sozialen Kontakte. Wohin ich auch komme, ob in einen neuen militärischen Bereich oder zur Polizei – immer werde ich zunächst getestet. Das ist anstrengend und kostet mich viel Energie. Es ist aber auch verständlich, und so ertrage ich diese Phase ruhig und verlasse mich darauf, dass wir hinterher zu einer guten Zusammenarbeit finden werden. Die Arbeit mit Einsatztauchern aller Art ist anspruchsvoll, doch meinen Teil zur langfristigen Verbesserung ihrer Sicherheit beizutragen ist mir ein ernsthaftes Anliegen und viele Mühen wert.

Zurzeit überrascht mich das Leben an jeder Ecke ebenso oft mit Problemen wie mit unerwarteten Wendungen und Möglichkeiten. Der Hurrikan auf Dominica war eine schwierige, aber doch vollkommen einmalige Erfahrung, aus der ich viel mitgenommen habe, nicht zuletzt neue innere Stärke und Vertrauen darauf, dass ich wirklich in fast jeder Situation die Ruhe bewahren kann. Die Arbeit mit der Bundeswehr hat mich gelehrt, mich in einer fremden Welt mit ihren eigenen Regeln als Außenseiter und Exot zurechtzufinden. Als ich gerade dachte, dass eine Zusammenarbeit zwischen einer Apnoetaucherin und den Kampfschwimmern wohl das Ungewöhnlichste bleiben wird, was ich je gemacht habe, bekam ich eine Mail von Professor Bereiter von der Universität Marburg.

Als Biologe erforscht er seit Jahrzehnten den Winterschlaf. Interessanterweise gibt es in den physiologischen Abläufen Parallelen zum Tauchreflex beim Anhalten des Atems. Professor Bereiter ist Gründer und Leiter einer Projektgruppe mit Wissenschaftlern aus aller Welt, die sich für die ESA (die Europäische Raumfahrtagentur) damit auseinandersetzt, inwieweit ein Zustand, der dem Winterschlaf ähnelt, für einen Menschen erreichbar wäre. Anlass für diese Überlegungen ist eine bemannte Marsmission. Er bat mich, der Projektgruppe beizutreten und bei einem dreitägigen Symposium in einem Seminarzentrum bei Innsbruck einen Vortrag zu halten.

Wie besonders diese Anfrage für mich war, versteht man, wenn man weiß, dass ich als Kind jahrelang den festen Wunsch hatte, Astronautin zu werden. Mein Plan stand fest: Ich würde bei der NASA oder ESA trainieren und dann Teil der ersten Crew sein, die den Weg zum Mars antrat. Bis ich etwa 14 Jahre alt war, blieb dieser Gedanke aktuell – dann stellte ich bei näheren Nachforschungen fest, dass meine Wirbelsäulenverkrümmung der Aufnahme in das Astronauten-Trainingsprogramm im Weg stand. Eine Weile haderte ich mit diesem unfairen Schicksal, bis ich schließlich beschloss, trotzdem für die ESA oder NASA zu arbeiten und so zumindest vom Boden aus auf die Reise zum Roten Planeten zu gehen. Obwohl ich später von diesem Plan Abstand nahm, ist mir das Interesse an der Erkundung des Weltalls geblieben. Eine Journalistin kommentierte meinen Kindheitstraum einmal so: Mit einem Atemzug 125 Meter tief zu tauchen, sei vielleicht ein bisschen so wie aus einem Raumschiff zu steigen. Ich denke, sie hat recht – meine Sehnsucht danach, mich der Unendlichkeit des Universums auszusetzen, lebe ich bis heute in den Tiefen des Ozeans aus.

Viele Jahre später hatten mich die Umwege des Lebens also doch zur ESA geführt. Obwohl ich keine Ahnung von wissenschaftlichen Vorträgen hatte, nahm ich Professor Bereiters Einladung ohne Zögern an, auch wenn mich die Vorstellung von diesem ungewohnten Umfeld nervös machte. Mit Aufregung im Bauch traf ich zur Begrüßungsrunde in Innsbruck ein, in der ich auf Wissenschaftler traf, die allesamt Experten auf ihrem Gebiet waren und die Vorträge halten würden, deren Titel ich noch nicht einmal verstand.

»Was machst du hier?«, fragte mich fast jeder, dem ich begegnete.

»Ich halte einen Vortrag«, sagte ich dann, »ich bin Apnoetaucherin.« Ich bemerkte die Verwunderung meiner Gesprächspartner. Ich fühlte mich wie ein Fisch in der Wüste und begann langsam, mich ebenfalls zu fragen, was ich hier zu suchen hatte.

Am Ende des ersten Tages saß ich am Schreibtisch in meinem Zimmer, mit Blick auf die schneebedeckten Alpen, die das Mondlicht reflektierten, und versuchte, mich irgendwie vorzubereiten. Ich war unruhig und konnte mich kaum konzentrieren. Von morgens bis abends hatten wir Präsentationen gehört – mir rauchte der Kopf, und es war schwer, mir vorzustellen, wie ich mich in die Reihe dieser Redner einordnen sollte. Nur mit Mühe widerstand ich dem Drang, meinen Vortrag mehrfach umzuschreiben.

»Na toll, Anna«, dachte ich, als ich am nächsten Morgen nach vorne ging. »Ein Raum gefüllt mit Forschern, die erwarten, dass du ihnen etwas Neues erzählst. Wieso kannst du nicht einfach tauchen gehen und das genießen, wie normale Menschen? Wieso immer dieser Stress?« Es half alles nichts – ich war an der Reihe.

»Ich habe hier bereits so viel Interessantes gehört«, sagte ich zu den Wissenschaftlern, die mich erwartungsvoll ansahen. »Ihr habt die spannendsten Dinge entdeckt. Doch was euch die Mäuse, Hamster, Bären und die Frösche, die ihr beobachtet, nicht sagen können, ist, wie es sich anfühlt, wenn sich der

Herzschlag immer weiter verlangsamt. Wie es ist, wenn man spürt, dass das Blut aus Armen und Beinen in die Körpermitte gezogen wird. Wie es ist, wenn man atmen will und es doch nicht tut, wenn man den Körper mit dem Geist beherrscht. Wie trainierbar es ist, den Stillstand zu erreichen und ihn auszudehnen, und wie sich dieses Training anfühlt. Nichts davon können euch eure Tiere erzählen. Ich aber kann es – denn ich und die anderen Apnoetaucher führen das Experiment am Menschen durch.«

Mit der Ankündigung, dass wir mit einem Selbstversuch starten würden, gewann ich endgültig die ungeteilte Aufmerksamkeit meiner Zuhörer. Auf mein Kommando ließ ich sie alle gleichzeitig die Luft anhalten, mit der Aufgabe, beim ersten Bedürfnis zu atmen aufzuhören und die Hand zu heben. Dabei ergaben sich Zeiten von knapp 20 Sekunden bis deutlich über einer Minute – eine enorme Variation, die sofort Diskussionen auslöste. Die gesamte Gruppe folgte mir mit großem Interesse, denn mein Beitrag war mit seiner Praxisnähe für eine Reihe der Fragen zur tatsächlichen Umsetzung eines Torpor-Zustands beim Menschen relevant. Ich war erleichtert und fühlte mich angeregt und voller neuer Ideen.

Über die drei Tage hörte ich allen Präsentationen aufmerksam zu und lernte viel über die Hürden, die die Forscher überwinden müssen, und die Leidenschaft, mit der sie ihrer Arbeit nachgehen. Bei aller wissenschaftlichen Präzision bewahren sie sich den Willen, ihren Blick in die irrwitzig scheinende Zukunft zu richten und sich ernsthaft über eine Reise zum Mars zu unterhalten. In dieser Gemeinschaft aus Menschen, die alles hinterfragen, die sich und ihre Arbeit ständig überprüfen, aber gleichzeitig offen sind für das Träumen und den Glauben daran, dass alles machbar ist, fand ich ein unerwartetes Zuhause, das eine enorme Bandbreite von Chancen bietet. Wer weiß, wo mich dieser neue Weg noch hinführt? Wie er auch immer aussehen mag – den ersten Schritt habe ich bereits unternommen.

Wir alle werden immer wieder mit überraschenden Wendungen konfrontiert, die häufig Rückschläge bedeuten, aber ebenso oft das Potenzial von Entwicklung enthalten. Es ist an uns selbst, dieses Potenzial zu erfassen und mit ihm umzugehen – und an uns, unserem Leben auf diese Weise die Richtung zu geben.

Mit einer dieser unerwarteten Veränderungen muss ich mich gerade jetzt auseinandersetzen. Während ich an diesen Zeilen arbeite, vollzieht sich vor meinem Fenster ein Jahreswechsel von unerwarteter Pracht. Jeden Morgen erwärmt die Sonne die Häuser und Straßen auf über 20 Grad. Die Stadt wirkt sauberer als sonst, die Berliner besser gelaunt, die Touristen überrascht von der Schönheit des Ortes mit dem eckigen, unangepassten Ruf. Ich war dabei, Gedanken über die Chancen im Leben zu Papier zu bringen, das Gefühl erwartungsvoller Ungewissheit, untermalt vom Übergang des staubigen Berliner Sommers in den Herbst, dessen nächtliche Temperaturen das Versprechen winterlicher Kälte in sich trugen, als mich das Leben vor einer Handvoll Tagen mit seiner ganzen Härte traf.

Meine Mutter, der Mensch, der eine Mitte für so viele von uns bildete, und die ihre Familie, ihre Freunde, ihre Kunden, jeden, der mit ihr in Berührung kam, mit ihrer ungewöhnlichen Lebensweisheit beeinflusste, fiel im Urlaub mit einer Gehirnblutung ins Koma. Überstürzt reisten wir nach Kreta, wo wir Tag und Nacht neben ihrem Bett verharrten. Ohne Hoffnung auf ein würdevolles Dasein war unsere letzte Aufgabe, ihr den Wunsch, sterben zu dürfen, zu erfüllen und das Versprechen des Abschieds, das wir ihr gegeben hatten, einzulösen. Um sie versammelt, wollten wir den künstlichen Atem, der sie im Leben hielt, aussetzen und dabei sein, wenn die Pause zwischen den Herzschlägen länger werden und schließlich in Stille übergehen würde. Doch die Gesetze in Griechenland lassen nicht zu, einen Menschen auf diese Weise in den Tod zu begleiten.

Sie zwangen uns, ihr beim langsamen Sterben beizustehen. Eine Erfahrung von hilfloser, unfassbarer Ohnmacht, die mich noch lange begleiten wird. Auf der großen Intensivstation, einem offenen Raum ohne Trennwände, der von blinkenden Monitoren und fremdartigen Geräuschen beherrscht war, hielten wir ihre Hand und warteten darauf, dass sie den Weg aus dem Leben finden würde.

Nach fünf Tagen gelang es ihr, uns zu verlassen. Sie schaffte den Übergang, während die, die sie zurückließ, mittendrin stecken. Nichts ist, wie es war, doch die Kraft, die sie uns mitgab, wird uns hindurchtragen, durch die nächsten Wochen und die Jahre ohne sie. Die Schönheit ihres Lebens beeinflusst mich ebenso wie der Verlust, zwei Teile, die sich mit der Zeit zusammenfügen werden.

Wenn ich die Blätter vor dem Fenster fallen sehe, senkt sich jedes von ihnen in meiner Vorstellung auf ihr Bild, denn sie liebte diese Jahreszeit und schätzte die Abwechslung des Klimas so sehr wie die unserer Existenz. Freunde rieten mir, die Abgabe des Manuskriptes zu verschieben und den Druck, es zu Ende zu bringen, zu vertagen. Sie haben recht – es ist schwer, mich durch die Watte, die mich abzuschirmen scheint, zu konzentrieren, und gleichzeitig ist es richtig. Indem ich versuche, für meine vielen Chancen Worte zu finden, fühle ich, wie der Tumult der Veränderung nachlässt, die Gedanken sich ordnen und der Wandel der Generationen, ein Übergang, den jeder von uns ertragen muss, seinen Platz findet.

Zwei Tage nach der Feier, in der wir an ihr vollendetes Dasein denken werden, steht für mich eine abenteuerliche Reise an. Sie erfüllt eine Sehnsucht, die ich in mir trage, seitdem ich als Kind Bücher über die Expeditionen Shackletons las. Mehrere Flüge und ein Schiff werden mich in die Antarktis bringen, wo ich mit beißender Kälte im Gesicht tauchen werde, die Tage gefüllt von rauem Meer und verwehten Schneefeldern, eine Welt von reduzierten Farben und intensiver Sinneswahrnehmung.

Als ich begann, dieses Kapitel zu schreiben, in dem es um die Möglichkeiten gehen sollte, Überraschendes zu entdecken, war diese Herausforderung die größte Chance in meiner unmittelbaren Zukunft. Sie ist es weiterhin, doch ihre Bedeutung hat sich verändert. Weit entfernt von den Ablenkungen der Zivilisation werde ich in der weißen Endlosigkeit der Landschaft eine Leere finden, in der die Bausteine meines Selbst sich um die jäh entstandene Lücke ordnen dürfen. Ich werde lernen, den neuen Riss ebenso im Herzen zu halten wie die Erinnerung an das Geschenk des Lebens mit meiner Mutter, und wissen, dass sie mich für immer begleitet.

Wenn ich neben dem bläulichen Eis der Antarktis in die Tiefe sinke wie ein silbriger Fisch, der reglos in der Pause zwischen den Herzschlägen verharrt, werde ich »still« sagen zu meinem Körper und »still« zu meinem Geist. »Still« werde ich sagen zu dem Schmerz in meiner Seele, ein Schmerz, der ein unauslöschlicher Teil meiner Zukunft ist, auf deren Reichtum ich mich unvermindert freue.

Still.

LITERATUR

Die folgenden Titel haben mich bei der Arbeit an diesem Buch begleitet oder als Quellen gedient.

Kurt Held: Die rote Zora, Fischer Klassik, 2015.

Jack London: Der Ruf der Wildnis, dtv, 2013.

Jules Vernes: 20 000 Meilen unter dem Meer, dtv, 2009.

Anna Jürgen: Blauvogel, Beltz, 2016.

René Guillot: Grischka und sein Bär, C. Bertelsmann, 2001.

Julia Cameron: Der Weg des Künstlers, Knaur, 2009.

Ben Bergeron: Chasing Excellence, Ingram Books International, 2017.

Erling Kagge: Stille. Ein Wegweiser, Insel, 2017.

Seneca: Das große Buch vom glücklichen Leben. Gesammelte Werke, Anaconda, 2014.

Ryan Holiday: Der tägliche Stoiker, Finanzbuch Verlag, 2017.

Ryan Holiday: Dein Ego ist dein Feind, Finanzbuch Verlag, 2017.

Mihály Csíkszentmihályi: Flow. Das Geheimnis des Glücks, Klett-Cotta, 2015.

Steven Kotler: The Rise of Superman. Decoding the science of ultimate human performance, Houghton Mifflin Harcourt, 2014.

Joe Simpson: Sturz ins Leere, Malik 2009.

Alfred Lansing: 635 Tage im Eis. Die Shackleton-Expedition, Goldmann, 2000.

Heinrich Harrer: Die weiße Spinne. Ullstein TB, 2001.

Reinhold Messner: Pol. Hjalmar Johansens Hundejahre. Malik, 2011.